RADICALMENTE VIVA
ALÉM DO ABUSO

DR. LISA COONEY

AGRADECIMENTOS

Este livro é para VOCÊ, o que está se florescendo.

Nunca é tarde demais para mudar.
Comece onde você está hoje.

**Você pode estar se sentindo quebrado; no entanto, o
ser que você é NUNCA pode ser quebrado.**

**Tudo o que é preciso é uma mudança de um grau, e
isso é pegar este livro e mudar a maneira como você vê
as coisas.**

**Todo o meu agradecimento e profunda gratidão
àqueles que trilharam esse caminho comigo, perto de
mim, ao meu lado e longe de mim.**

**Não importa onde você chegou ou como chegou lá,
você mudou, e você sabe que mudou.**

Lembre-se disso!

Obrigado!

Nesses últimos 20 anos, eu dediquei a minha vida para ajudar outras pessoas a se libertarem da "jaula do abuso" e criar uma vida prazerosa e que fizesse sentido. Eu trabalhei com milhares de clientes que elogiaram os resultados brilhantes que conseguiram alcançar com o tipo de facilitação que eu ofereço – uma facilitação equilibrada com potencialidade, "sexualismo" (sexual-ness, a energia de receber) e vulnerabilidade.

Nesse livro, você terá uma visão sobre esse trabalho, permitindo que você supere um passado de abusos, e que te impulsione além de tudo aquilo que tem te impedido de viver a sua totalidade até agora.

Como psicoterapeuta treinada, eu passei boa parte da minha carreira seguindo uma linha tradicional de pensamento sobre como as pessoas podem se curar do trauma e do abuso. E eu provavelmente teria continuado se eu não tivesse sido a minha melhor aluna.

Você pode argumentar que tudo que aprendi foi pelo caminho mais difícil – pela vivência.

Deixe-me explicar...

Nas primeiras duas décadas da minha vida eu fui extremamente infeliz. Aos 20 anos de idade, eu tentei me autoanestesiar bebendo, usando drogas e indo em festas. Eu estava com sobrepeso e não dava a mínima para mim mesma.

Uma noite eu quase morri por causa do meu comportamento descuidado.

Veja, eu cresci em um ambiente familiar muito violento. Eu fui abusada sexualmente, fisicamente, e emocionalmente desde que eu era um bebê até os meus 20 anos de idade.

Eu me sentia culpada, indefesa, e aterrorizada o tempo todo. Nada que eu fazia parecia me ajudar e a felicidade parecia um sonho muito distante. Parecia impossível até para continuar vivendo. O abuso controlava todos os aspectos da minha vida.

Eu sentia que tudo estava errado, inclusive eu mesma.

Eu nunca senti que pertencia a lugar algum. A única coisa que me fazia feliz era o álcool e dar uma escapada. Eu bebia e cheirava qualquer coisa que conseguisse arrumar para me fazer sentir nada. Parecia ser a melhor maneira de existir nesse mundo: atordoada e confusa.

Quando eu entrei na faculdade, eu andava no campus olhando para baixo e com os ombros encolhidos. Um dia, uma professora veio até mim e perguntou se eu estava bem. Nunca alguém havia me perguntado isso antes. Nunca. Meus olhos imediatamente se encheram de lágrimas.

Ela me ajudou a perceber que a minha situação poderia ser tratada, e me encheu de esperanças que eu conseguiria superar isso e criar uma nova vida para mim. E foi exatamente o que eu fiz.

Hoje, estou vivendo a vida dos meus sonhos, além de tudo que já havia imaginado: eu viajo pro exterior a trabalho e por lazer, dando aulas de "Radicalmente Viva Além do Abuso" e "Recebendo Energia" através dos nossos corpos. Eu moro em uma casa linda com uma pessoa que eu adoro. Estou rodeada de 10 hectares de lindas terras, 20 cavalos, 3 cachorros, e muito mais. Eu tenho uma relação íntima, acolhedora e de muito apoio com amigos e pessoas que amo. Eu sou vibrante e estou sempre querendo mais.

Não importa qual foi o meu trauma ou tragédia do passado, eu estou sempre vigilante em fazer escolhas que vão além disso. Eu sou feliz — nunca fui tão feliz comigo mesma como sou agora. Eu finalmente me "recebi" e continuo aprendendo novas maneiras de fazer isso.

NÃO HÁ LIMITES PARA O ABUSO

Abuso, por sua própria natureza, abrange um vasto território.

Ele acontece conosco e *acontece dentro de nós* — e se perpetua por todos os cantos e fendas da nossa vida.

Ele aparece no modo como você pensa, fala, age — e não age.

Ele aparece nas suas finanças, na sua capacidade de ganhar dinheiro, nos tipos de trabalhos que você escolhe.

Ele aparece em todos os relacionamentos que você tem — desde o seu vizinho, as amizades que você mantém, ou o parceiro com quem você faz um compromisso.

Ou não faz.

Ele aparece na sua saúde, na aparência do seu corpo e em como ele funciona, nos alimentos que você ingere.

E eu poderia continuar dando mais exemplos...

Não importa em qual situação você vai relembrar a memória do abuso. O mais importante é você reconhecer e desafiar essas situações. Talvez você tenha vivenciado um abuso no começo da sua infância como o trauma e terror que eu vivenciei. Ou talvez seus pais tenham se divorciado quando você era uma criança e você nunca mais viu seu pai (ou mãe) novamente. Talvez seus pais brigavam sobre dinheiro e você está tendo dificuldades para conseguir se manter.

Seja qual for a extensão ou amplitude disso... tudo é bem vindo aqui.

Nós vivemos em um universo inclusivo.

LIBERTANDO-SE E VIVENDO LIVREMENTE

Como seria para você viver além das suas experiências atuais? Quais sonhos você mantém em seu coração? Quais vozes de consciência você ouve?

Talvez você saiba, talvez não. Nem todos que vem a mim tem, no início, a consciência do que querem. Os anos de negação e julgamento e abuso cobram um preço caro da vida das pessoas, e às vezes tudo o que lhe resta é um pequeno pedaço de vida, quase não sobrevivendo.

Esse livro te mostrará como se libertar de algo que chamo a "jaula invisível do abuso".

Ele te abrirá a novas ideias sobre o que é possível e fornecerá conceitos que você poderá aplicar em qualquer lugar que estiver e em qualquer momento. E não importa se você tem um histórico de abuso ou não, porque esses princípios e dicas servem para qualquer um.

Por outro lado, se você tiver um passado de abuso, ele pode muito bem ser a sua salvação.

Observação: Se você achar que alguns desses conceitos – e a linguagem – que eu uso são novidades para você, isso é uma coisa boa. Não, não é um erro de digitação, mas uma maneira específica de dizer algo que está enraizado em algumas das técnicas que utilizo. Porque, mesmo que eu seja uma psicoterapeuta licenciada, eu também fui treinada em muitas outras terapias alternativas de cura, então algumas vezes escolherei uma linguagem diferente. (Se quiser saber mais, por favor acesse meu site, www.DrLisaCooney.com.)

Um coisa é certa...

Se você colocar em prática o conteúdo desse livro, você irá se desprender de qualquer coisa que estiver te atormentando e impedindo de escolher aquilo que você gostaria de criar.

Isso o colocará na direção do que eu chamo de *Vivência Radical*... e eu não vejo a hora de compartilhar isso com você.

Vamos começar!

Dra. Lisa Cooney

DEPOIMENTOS

A Dra. Lisa Cooney e uma facilitadora fantástica! Ela foca na situação e te conduz de uma maneira muito acolhedora. Ela traz à superfície aquilo que você esconde no âmago do seu ser, aquilo que você não tem ideia de como resolver. Eu tive diversas mudanças e novas consciências dos motivos pelos quais eu faço o que faço comigo mesma e com as pessoas que gosto. Ela me forneceu as ferramentas para mudar até mesmo os mais terríveis e profundos traumas da minha vida. Ela me ajudou a desvendar a beleza do meu ser. Agora eu tenho escolha verdadeira na minha vida para viver livremente, tanto quanto eu escolher! Eu recomendo muito a Dra. Lisa Cooney como facilitadora de cursos de corpo e cursos de vivendo radicalmente viva!!

Desde a primeira vez que ouvi a Dra. Lisa falar sobre criar e ser a Radicalmente Viva Além do Abuso, muitas coisas mudaram na minha vida. Sem me identificar com histórico de abusos, eu fiquei surpresa em ver como sua sabedoria pode mudar qualquer coisa... sem contar o abuso! Minha relação com o meu corpo está diferente e melhor, e eu estou me divertindo mais e sendo mais presente com o meu corpo como nunca fui. Meus relacionamentos com outras pessoas são mais fáceis e eu estou conseguindo trabalhar com outras pessoas em meu trabalho, algo que eu sempre evitava. O mais importante... eu estou escolhendo de uma maneira totalmente diferente e criando uma vida que me satisfaz. Estas são apenas algumas das maneiras que a Vivência Radical está agindo em minha vida até agora. Como pode ficar melhor do que isso?

Trabalhar com a Dra. Lisa foi a melhor coisa que eu já fiz na minha vida. Minha vida mudou de maneiras que, no passado, eram apenas sonhos. Eu deixei para trás uma vida inteira de vitimização. Durante o processo, eu me tornei autoconfiante e mais saudável em todos os aspectos da minha vida – fisicamente, mentalmente, emocionalmente e espiritualmente. Eu consegui me livrar de um emprego horrível, dobrei a minha renda e criei um novo negócio. Eu emagreci mais de 45 quilos, e eu tenho um ótimo relacionamento com um parceiro encantador. Obrigada, obrigada, obrigada.

A Dra. Lisa é uma curandeira muito poderosa e comprometida, capaz de transformar todos os bloqueios levados a ela. Isso criou um ambiente de profunda confiança e segurança, permitindo que os medos, bloqueios e crenças de todas as pessoas emergissem para serem curados. É realmente um presente poder trabalhar com uma das curandeiras mais poderosas do mundo.

A Lisa é a MELHOR! Como um ex-medalhista de ouro e ex-campeão mundial, eu apoio totalmente esse trabalho inovador que a Dra. Lisa está fazendo voltado ao empoderamento e cura individual. ISSO FUNCIONA!

DEDICATÓRIA

Esse livro é dedicado a você, leitor, obrigado por escolher uma nova possibilidade para você. Obrigado por escolher deixar o seu passado para trás. Obrigado por saber que não importa qual seja, ou foi, a sua tragédia, trauma ou limitação, você é poderoso, um potente criador de grandeza e você sempre pode escolher além das suas circunstâncias.

Se você for um pouco parecido comigo, você poderá ceder para a "falta de tranquilidade" (dis-ease) da depressão, doença, carência e solidão. Eu descobri que as ferramentas e palavras apresentadas nesse livro ajudaram significantemente na minha recuperação para reivindicar a mais livre e completa versão de mim mesma. Eu tentei ser simples e pragmática aqui. Espero que elas também possam ajudá-lo.

Eu sei que as coisas não são tão simples tratando-se de trauma e abuso e que a opressão é predominante. Que você encontre paz, e até mesmo consolo, ao saber que, se você nunca deixar de acreditar, nunca ceder e nunca desistir, essas palavras podem funcionar para você também.

Que você seja inspirado e que seu trauma se transforme em
ser Radicalmente Vivo Além do Abuso.

Meu amigo, sempre:

Escolha VOCÊ;

Comprometa-se com VOCÊ;

Coopere com o Universo, Conspirando para Abençoar
VOCÊ e Criar para e com VOCÊ!

CAPÍTULO 1
LIBERTANDO-SE DA JAULA INVISÍVEL DO ABUSO

"Você pode detalhar os abusos que sofreu na sua infância?" Houve um longo silêncio depois que minha editora me fez essa pergunta.

Ela havia revisado, recentemente, a primeira versão do meu livro, *Dê um Chute no Traseiro do Abuso*, e queria acrescentar mais detalhes dos abusos que sofri no passado. Eu pedi que me desse um momento para que pudesse relembrar tudo.

Oito minutos depois, eu comecei a listar os detalhes para ela.

Durante esses oito minutos, eu escaneei o meu corpo e fiquei surpresa ao descobrir que as duas décadas em que vivenciei os abusos físico, sexual, emocional, financeiro, espiritual e fisiológico já não habitavam o meu corpo – apesar de eu ser capaz de lembrar do peso de todos os atos.

Conforme eu compartilhava os detalhes, eu sentia que eu estava compartilhando a história de um cliente ou de um amigo, mas não a minha. Eu não me sentia dissociada ou desconectada; ao contrário, eu estava presente além da minha história de abuso.

Eu sorri ao perceber o quão longe cheguei em minha jornada para superar o abuso.

Uma das coisas que me ajudou muito foi ler livros de autoajuda – igual você está fazendo agora – grifando as frases até que as palavras pulassem das páginas para dentro de mim, me dando um vislumbre de uma realidade diferente. Saber que outras pessoas entendiam o que eu estava vivendo me trouxe esperanças.

E eu descobri que definitivamente não estava sozinha.

Mas eu também fiz outras coisas. Por exemplo, eu tentei escalar, meditar, nadar, andar de bicicleta, sempre tentando tirar o abuso de dentro de mim. Eu procurei orientação, e até mesmo obtive diplomas de Mestrado e Doutorado em Psicologia. Eu estava empenhada em continuar me educando nos aspectos clínicos, energéticos e psicológicos, determinada a encontrar um caminho para superar os abusos.

Enquanto eu conduzia workshop após workshop e libertava outras pessoas de seus abusos, por fim, eu estava me libertando também. E eu não parei mais. Meu compromisso continua sendo erradicar e eliminar o abuso em todas as suas formas e faces desse planeta através do movimento *Live Your ROAR*.

SUPERANDO O ABUSO: UM NOVO PARADIGMA DE CURA

Talvez você já tenha sido vítima do abuso, seja ele sexual, físico, espiritual, financeiro ou emocional. Pode ter sido um episódio único ou uma série de eventos.

Você pode já ter investido uma enorme quantidade de tempo e energia para curar a sua experiência de abuso e, talvez, não tenha alcançado o resultado esperado. Isso é compreensível. Infelizmente, eu cheguei à conclusão de que as diversas ferramentas e práticas que precedem a minha abordagem para superar o abuso, são sobre nos consertarmos e nos definirmos pela nossa história de abuso.

Eu não acredito que precisamos nos consertar para sermos livres. Quando adotamos esse modelo, nós reconhecemos que algo está errado com a gente e então procuramos soluções para resolver o problema. Isso se torna um poço sem fundo. E nós nunca chegamos no fundo dele porque nunca nos sentimos consertados ou inteiros. Em vez disso, você se encontrará andando em círculos, se perguntando se um dia isso terá um fim, esperando pelo dia que você finalmente estará curado. A cura de abusos acontece em etapas, às vezes diversas etapas, focar no que é certo sobre você é a chave para te capacitar a superar o abuso.

Esse capítulo, em que algumas partes foram extraídas do meu próximo livro, *Dê um Basta no Abuso*, descreve uma nova maneira de curar e superar o abuso.

Você vai descobrir que não precisa consertar nada em você ou manter-se definido pelo abuso. Você também vai descobrir como escolher eliminar esse fardo e parar de permitir que um episódio ou umas série de eventos dominem a sua vida inteira.

A JAULA INVISÍVEL DO ABUSO

Passei a maior parte da minha vida em uma jaula invisível.

Eu digo que era invisível porque, embora eu vivesse dentro dela, uma prisioneira silenciosa, eu nem sabia que ela existia. Demorou décadas para dar um nome a ela, e muito mais para moldá-la em uma mensagem que eu poderia compartilhar com o mundo. No entanto, toda vez que falo sobre a jaula invisível para alguém que sofreu abuso, um olhar de identificação, muitas vezes alívio, aparece em seu rosto. Você pode estar tendo uma experiência semelhante neste momento, enquanto você lê essas palavras.

A jaula inclui um julgamento sutil sobre o errado dentro de você que você considera ser verdade. Em outras palavras, você se percebe como mau ou errado por causa do abuso que ocorreu. Este "errado" torna-se o filtro através do qual você experimenta e percebe a realidade. Como resultado, você cria sua vida *a partir* da perpetração e aprisiona-se dentro dela.

Sua jaula é como um fantasma que continuamente sussurra no seu ouvido. Sussurra quando você tem desafios. Mesmo quando a vida é boa, ele não para. Na verdade, nestes momentos é provável que fique mais alto com uma tentativa desesperada de mantê-lo dentro jaula do abuso. Viver dentro dos limites da jaula mantém você em um lugar familiar. Há um conforto estranho nos limites da jaula, por mais que você deseje viver além dela.

A jaula é baseada na falta, limitação e mentira.

A jaula mantém você fora da liberdade, prazer e possibilidade.

Viver dentro da jaula é viver sem voz. Você pode falar e funcionar no mundo, mas uma parte de você permanece isolada, silenciada e fora da realidade – uma parte que vive dentro de você, amortecida e anestesiada.

A dor de viver dentro da jaula pode ser tão grande que às vezes você simplesmente escolhe não morar nela. Você pode adormecer ou sair dela para evitar a dor. Você pode fazer isso periodicamente ao longo do dia, se desconectando do seu corpo. Você também pode usar comida, álcool, drogas ou medicação para se desconectar mais profundamente.

Você se torna uma casca de quem você realmente é.

Você se pergunta por que você está se "autosabotando", quando o que você realmente está fazendo é funcionar a partir do que a jaula é projetada para fazer: lutar contra a vida e dizer "não" em um lugar de contração ao invés de abraçar a vida e dizer "sim" em um lugar de expansão. Dentro da jaula, você continua a reagir à vida a partir dos padrões de abuso do passado e isso mantém a perpetração viva.

Você também pode ter percebido que quando você vive a partir da jaula do abuso, isso ecoa em todas as outras áreas da sua vida. Quando você está filtrando o mundo através da lente do abuso, é como se mais disso é atraído para você, levando a mais autoculpa. E frases como "Você cria a sua própria realidade", não ajudam. Quando o padrão de abuso continuamente se perpetua e você não sabe como pará-lo, isso aumenta a sensação de que há algo de errado com você.

O que geralmente acontece dentro da jaula é que, à medida que o abuso embaça a nossa realidade, nossa percepção é distorcida em uma forma leve de insanidade. O que parece verdadeiro pode ser falso e vice-versa. Nós acabamos confiando em pessoas erradas, e não confiamos naquelas em quem poderíamos confiar. As pessoas que representam tudo aquilo que dizemos querer gerar e manifestar podem entrar em nossas vidas, mas nós as afastamos porque se envolver com elas significaria viver além da jaula, e nos sentimos desconfortáveis fazendo isso.

Se você tem vivido dentro da jaula invisível do abuso, você provavelmente acreditou que essa era a sua única escolha. Na verdade, para a maioria das pessoas com quem trabalhei, a ideia de escolha no começo parece confusa. Nós fomos levados a crer que, por termos sofrido abuso, nossas vidas serão repletas de sofrimento para sempre. Sua vida, até agora, possivelmente lhe forneceu muitas evidências de que isso é verdade.

No entanto, viver na jaula invisível do abuso como um prisioneiro silencioso não é a sua única escolha.

FIQUE AMIGO DA JAULA DO ABUSO

O que descobri ao ajudar dezenas de milhares de pessoas em todo o mundo a superar o abuso é que não encontramos o nosso caminho para fora da jaula através de uma solução rápida.

Primeiro, devemos aumentar a nossa consciência e reconhecer a existência da jaula.

Neste momento você pode estar acordando pela primeira vez e entendendo que a jaula existe. Muitas vezes as pessoas dizem: "Ah, então é isso", quando me ouvem falar sobre a jaula, dando palavras a algo que geralmente existe sem nome.

É como se houvesse um elefante defecando na sala o tempo todo e todos estavam silenciosamente ignorando-o. Nós não estamos mais ignorando isso. Isso fede, e agora estamos lidando com isso.

Depois que você reconhece a jaula, você aceita que você tem vivido nela. Em um sentido muito real, a jaula realmente foi o seu maior aliado na cura: *protegeu-o durante um período em que você precisava de proteção.*

A beleza nisso é que, quando você abraça a jaula e ao mesmo tempo escolhe algo diferente de se desligar, você relaxa. Você se abre à possibilidade de estar em comunhão com sua dor. No final, esta é a única maneira de dissolver as grades da jaula e entrar na verdadeira liberdade, alegria e possibilidade que existe fora dela.

Para conseguir sair da jaula, você não precisa necessariamente obter nada de volta. É aí que minha abordagem difere radicalmente do que você já experimentou em outros tipos de terapias. Em vez disso, você aprende a fazer diferentes tipos de escolhas que não perpetuam o abuso. Você descobre como se conectar consigo mesmo além da insanidade que criou a jaula em primeiro lugar. E você escolhe viver, sem fazer que o abuso (seja um único episódio ou uma série de eventos), seja toda a sua vida.

É provável que toda a sua realidade comece a mudar à medida que você começa a perceber como a jaula invisível aparece em sua própria vida.

SUPERANDO A JAULA DO ABUSO

A piada cruel sobre o abuso é que ele terminou há muito tempo, mas você continua tratando a si mesmo da mesma forma que o abusador o tratou.

Por que você faz isso?

A jaula invisível do abuso mantém você prisioneiro na crença de que você está de alguma forma errado ou mau; que você não merece viver para si mesmo, mas precisa fazer o que os outros acham que você deve fazer, ou o que você deveria fazer (assim como aconteceu durante seu abuso: você fez o que lhe disseram e suas necessidades não eram importantes).

Quando você vira amigo da jaula do abuso, você para de estar em guerra consigo mesmo. Este é o lugar a partir do qual você começa a escolher você e se comprometer com a sua própria vida.

Como é isso?

Comprometer-se com a sua vida é como defender as suas escolhas, não importa o que aconteça. É nunca ceder e nunca desistir (assim diz a Irlandesa Batalhadora dentro de mim). E, no entanto, não se trata de *se afastar, esforçar, excluir ou lutar*.

Você não precisa mais provar ou lutar para ter sua vida para si mesmo. Você pode simplesmente escolher. Este compromisso com a vida não é pesado – na verdade, é a facilidade, a leveza, a alegria e a diversão que é possível quando você escolhe por você. E realmente requer uma bondade consigo mesmo que você talvez nunca tenha experimentado antes.

Mas quando você se compromete com a sua vida, você pode se deparar com um bloco ainda maior...

Conduzi milhares de pessoas a superar seus abusos sexuais e um dos maiores desafios com o qual os vejo lutar é deixar para trás suas histórias de abuso. Mas é a história delas, e o papel da vítima dentro delas, que os impede de se comprometerem consigo mesmas. É como se estivessem mais empenhados na história do abuso do que na possibilidade de vida além disso. Eu também já passei por isso. Eu sei como isso funciona. No entanto, isso pode ser apenas uma "fase" na sua jornada da jaula do abuso para a vivência radical.

Quando você se prende à história do abuso, você se mantém no papel de "vítima". Parece que a "vida acontece" para você; que você é vítima das circunstâncias; que não importa o que faça, você será "ferrado" de qualquer maneira, então por que se preocupar?

O abuso, então, torna-se uma grande desculpa para não se comprometer com a sua própria vida.

Mas há uma outra possibilidade que eu gostaria de lhe mostrar.

Quando você deixa a história do abuso, obtém apoio para liberar toda a angústia interna sobre o seu abuso, e sai da jaula do abuso e do errado em você, abre-se um espaço para algo novo:

Você descobre a "fonte de fenômenos" em você.

Você se torna extremamente vivo – um espaço onde o abuso não comanda mais a sua vida, e você está gerando e criando uma vida para você mesmo muito além de qualquer coisa que você um dia já imaginou.

No próximo capítulo, você aprenderá mais sobre esta jaula do abuso e seu impacto em sua habilidade natural para criar.

CAPÍTULO 2
O ABUSO É UM DOS MAIORES OBSTÁCULOS PARA A CRIATIVIDADE.

Eu vivo na possibilidade.

— *EMILY DICKINSON*

Na verdade, se a verdade for dita, não é o abuso em si porque, na maioria dos casos, quando os meus clientes vêm a uma consulta, o abuso terminou. Pode ter sido um incidente isolado em seus passados ou muitas experiências de abuso durante décadas.

De qualquer maneira, o sentimento que as pessoas descrevem é "aprisionamento". É como se estivessem presos em uma jaula invisível, algum tipo de força destrutiva que os impede de criar suas vidas plenamente.

Então, na verdade, a *jaula do abuso* é um dos maiores obstáculos à criatividade. A jaula do abuso perpetua a destruição, a introspecção, a separação e o isolamento e, quando você está trancado nela, você está em um estado constante de degradação e desvalorização de si mesmo.

A JAULA INVISÍVEL DO ABUSO

Se você já teve uma experiência de abuso, é fácil ficar preso nos padrões repetitivos desse abuso do passado, que se mostram como limitações à sua saúde, relacionamentos e dinheiro.

Essencialmente, suas capacidades geradoras e criativas para fazer o que você ama no mundo ficam bloqueadas. É como se a agulha da vitrola ficasse presa nas músicas "Eu não posso", "Não sei o que fazer" e "Algo está errado comigo".

Como a chama da criatividade pode queimar, quando há apenas uma opressão asfixiante? E como você se conecta à energia da criatividade quando você está preso em uma jaula invisível?

A DESTRUIÇÃO PREVALECE SOBRE A CRIAÇÃO

Ao invés de criar a sua vida, você na verdade escolhe, inconscientemente, a energia da destruição. De maneiras sutis, porém profundas, você destrói tudo o que deseja criar. Isso pode ser como destruir ou terminar os relacionamentos, falir ou se endividar financeiramente, e/ou ser destrutivo com seu corpo – e nunca perceber que há uma outra possibilidade. Parece, e você sente, como se estivesse remando contra a correnteza, sempre enfrentando uma dificuldade, obstáculo ou catástrofe.

Por que isso acontece?

Porque a desarmonia e o conflito são familiares.

E a harmonia e a paz são estranhas.

A jaula invisível está enraizada na mentira de que algo está errado com você. Baseia-se na história de que você é limitado e que falta alguma coisa em você. Estes julgamentos que você faz de si mesmo (e provavelmente os outros também) estão focados em destruí-lo e mantê-lo pequeno. Eles não estão orientados para criar uma vida extraordinária.

Parece maluquice, eu sei. Por que alguém escolheria destruir ao invés de criar a sua vida?

Tudo o que você tem a fazer, porém, é olhar de perto e estar disposto a ser completamente honesto. Pergunte a si mesmo:

Eu tenho criado ou destruído a minha vida?
Eu tenho criado ou destruído o meu relacionamento?
Eu tenho criado ou destruído o meu relacionamento comigo mesmo?
Eu tenho criado ou destruído o meu relacionamento com o dinheiro?
Eu tenho criado ou destruído o meu relacionamento com o meu corpo?

SEJA HONESTO CONSIGO MESMO

Conforme descrevi na "Introdução", as duas primeiras décadas da minha vida foram preenchidas com abusos: físicos, sexuais, emocionais, mentais e financeiros. Vieram de diversos lugares: familiares, amigos da família, a Igreja, a agência de modelos e os curandeiros.

Durante toda a minha infância, sempre me disseram que eu era má, e eu acreditava nessa mentira. Isso se tornou a jaula em que eu vivia.

Ao longo do meu processo de cura, eu estava determinada a usar a minha própria experiência de abuso como o catalisador da Revolução Além do Abuso e, mais tarde, o movimento

Live Your ROAR. Para conseguir isso, no entanto, eu primeiro tive que ser honesta comigo mesma e ver como eu estava, de fato, destruindo e criando a minha vida, relacionamentos, carreira, finanças, corpo, saúde e todo o meu ser.

Por exemplo, eu nunca quis deixar alguém se aproximar de mim porque eu estava com medo que eles, também, vissem o mal dentro de mim e fugissem apavorados. Como eu poderia criar algo além da destruição se eu era má e nunca alguém me amaria?

Eu também aprendi a linguagem da maldade conforme fui crescendo, então foi o que eu usei nos meus relacionamentos, já adulta. Eu criei conflitos ao invés de comunhão, o que resultou em divórcio e desespero.

Por volta dos 20 anos de idade, eu ignorei as necessidades do meu corpo e assumi padrões destrutivos: drogas, sexo e excesso de comida. Eu tinha dinheiro, mas me sentia culpada por tê-lo e outros não, então eu bancava todas as pessoas na tentativa de comprar o amor delas.

Todos esses comportamentos me mantinham presa na jaula invisível do abuso, repetindo os mesmos padrões abusivos que me eram familiares desde a minha infância. Tudo o que eu sabia fazer era destruir a mim e a tudo em minha vida.

A PONTE ALÉM DA AJUDA

O ponto da virada aconteceu quando essa professora da faculdade se aproximou e perguntou se eu estava bem, e essa conversa com ela tornou-se a ponte para um novo capítulo da minha vida. Ela me ajudou a enxergar que havia outra maneira de viver, além de repetir os padrões do abuso.

Eu me comprometi a encontrar a saída da jaula que me mantinha presa na destruição ao invés de viver verdadeiramente a minha vida. Eu me tornei Doutora em Psicologia e estudei dezenas de modalidades de cura. Trabalhando com terapeutas e curandeiros, caminhei, simultaneamente, em minha própria jornada de cura enquanto ajudava os clientes ao mesmo tempo, guiando-os em suas próprias jornadas de cura para sair da jaula invisível do abuso.

Hoje, mais de duas décadas depois, após trabalhar com milhares de clientes em todo o mundo, sinto-me profundamente honrada e grata por aqueles primeiros anos, enraizados em tantos abusos, terem se tornado o catalisador para *Chutar o Traseiro do Abuso*.

Estou ansiosa para compartilhar as chaves que descobri para abrir a jaula do abuso porque, fora da jaula, no final da ponte, há uma maneira de viver que está enraizada na energia da possibilidade e da criatividade.

Esse modo de vida é o que eu chamo de *Radicalmente Vivo*.

BEM-VINDO À VIVÊNCIA RADICAL

Imagine o seguinte...

Você acorda com uma mola no seu pé, feliz por estar vivo e pronto para ver o que é possível no dia de hoje. Do início ao fim, seu dia é cheio de escolhas baseadas em seus desejos e que, desses desejos, tudo é possível e você é um ímã gerador e criativo.

As pessoas amam estar ao seu redor. Você muda a energia de tudo ao seu redor apenas por ser você.

Seus relacionamentos se baseiam em comunhão e harmonia. Eles são divertidos, leves, alegres e recíprocos. Seu corpo é saudável e radicalmente vivo. Você está energizado. Você tem um brilho especial.

Seu negócio está crescendo e seus colaboradores sorriem e juntam-se a você em qualquer coisa que estiver criando. Cada dia é uma nova possibilidade de receber dinheiro, apoio e possibilidades.

A vida é uma aventura divertida. Risos e luzes inundam o seu corpo. Você está maravilhado com essa aliança consigo mesmo.

As pessoas te perguntam o que você fez para mudar e você responde: "Eu escolhi a mim mesmo e a felicidade, e criei o que eu sabia ser possível".

Inspirador, não é?

Esta é a vida que está esperando por você para escolhê-la.

Deixe-me apresentar-lhe as chaves para se desbloquear da jaula do abuso, para que você também possa atravessar a ponte e experimentar viver *Radicalmente Vivo.*

OS 4 CS: ESCOLHER, COMPROMETER-SE, COLABORAR E CRIAR

Os 4 Cs são chaves que o vão te libertar da mentira e das limitações que um dia você comprou, e do ciclo destrutivo que perpetuou o abuso que sofreu no passado.

1. Escolher (choose) a Si Mesmo

O que significa "escolher a si mesmo?"

Bem, sabe como é quando você está em um relacionamento com alguém e você faz tudo para apoiá-lo mas não a si mesmo? Esse é um exemplo de você não estar escolhendo você. Quando você faz para os outros à custa de você, você está tornando-os mais importantes do que si mesmo. Isso é o que acontece quando há um abuso: seus desejos e necessidades tornam-se irrelevantes.

Quando você se escolhe, suas necessidades e desejos se tornam importantes. Você se torna uma prioridade. Você começa a criar a sua vida.

Quando você escolhe você mesmo, você ainda pode ser generoso e apoiar outras pessoas, mas ainda assim, **sem** se prejudicar. Você se inclui em todas as suas escolhas e relacionamentos.

O que você pode criar ao escolher a si mesmo?

2. Comprometer-se Consigo Mesmo

Quando você se compromete consigo mesmo, compromete-se a nunca ceder, nunca desistir, e nunca permitir que nada ou ninguém o detenha. É você se comprometendo consigo mesmo para escolher você a cada momento, todos os dias.

Em outras palavras: você não desiste.

Nunca.

Minha determinação para superar as duas primeiras décadas da minha vida e todo o abuso que vivi veio deste lugar de compromisso comigo mesma. Uma vez que eu percebi que eu estava vivendo em uma jaula de abuso e que havia algo que eu poderia escolher fora da jaula, eu prometi nunca desistir até que eu estivesse fora da jaula e do outro lado da ponte.

Eu também prometi empoderar o maior número de pessoas possível para libertarem-se da jaula do abuso, escolhendo-as e comprometendo-se com suas próprias vidas.

Quando você se compromete consigo mesmo, compromete-se a *ser você por inteiro em todos os seus relacionamentos*. Você não se separa de si mesmo para tentar agradar ou acomodar os outros. O paradoxo é que, ao comprometer-se consigo mesmo, você realmente se torna mais disponível para se comprometer com outras pessoas de maneira harmoniosa e mutuamente satisfatória.

O que você pode criar quando você se compromete consigo mesmo?

3. Colaborar com o Universo

Como comentei anteriormente, quando você está dentro da jaula do abuso você pode sentir como se estivesse remando contra a maré e sempre confrontando uma dificuldade, obstáculo ou catástrofe. Parece que o mundo está contra você.

Eu acreditei nisso por um longo tempo, também. Eu pensei que todo mundo estava contra mim e que eu tinha que fazer tudo sozinha.

Isso é uma *mentira*.

Porque, na verdade, o universo está conspirando para abençoá-lo e torcendo por sua maior alegria e sucesso. Tudo que você tem a fazer é colaborar com ele, abrindo-se para receber a contribuição e apoio de todas as diferentes pessoas e possibilidades que *desejam* dar a você.

Basta pedir isso.

Quando você está disposto a pedir – e receber – você vai descobrir que há muito mais disponível para você na criação de sua vida.

O que você pode criar quando você colabora com o universo?

. . .

4. Criar a Sua Vida

Você pode iniciar uma nova conversa com o universo, fazendo as seguintes perguntas:

- *O que é divertido para mim?*
- *O que me excita?*
- *Como minha vida seria diferente se eu criasse a minha própria vida?*
- *O que eu escolheria para mim mesmo quando não estou focado em tornar outras pessoas minha maior prioridade?*

Ao acessar o que deseja e permitir que isso seja a sua maior prioridade, você vai criar uma vida inspiradora e expansiva para si mesmo.

Você será o criador, e não o destruidor da sua vida.

E, sinceramente, como pode ficar melhor do que isso®?

A ENERGIA DA CRIATIVIDADE

Os 4 Cs irão tirá-lo da jaula e levá-lo ao outro lado da ponte para a vivência radical, um passo de cada vez, uma escolha de cada vez para que, ao invés de destruir a sua vida, agora você crie a sua vida.

Primeiro, comece por escolher questionar a jaula – para ver que ela é feita de mentiras e limitações que não são verdades para você. Você deve estar disposto a desfazer-se dos velhos padrões de "Eu não consigo", "Não sei o que fazer" e "Tem alguma coisa errada comigo".

Conforme você questiona a jaula e pergunta o que mais é possível, você começa a caminhar fora da jaula e do outro lado da ponte rumo a outra possibilidade. O desejo por algo fora da jaula do abuso é o combustível que vai te levar adiante.

O que está pedindo para ser criado agora? Escolha! Seja o espaço de possibilidade.

No próximo capítulo, você aprenderá sobre um tipo especial de energia que você tem disponível para si mesmo para criar a vida que você escolher.

---

CAPÍTULO 3

*"... E eu diria que o mundo está cheio de coisas maravilhosas
que você ainda não viu. Nunca desista da chance de vê-las."*

*— J.K. ROWLING (PUBLICAÇÃO NO
TWITTER)*

Como uma praticante de cura, eu atuo no mundo da consciência para ajudar as pessoas a transformarem suas vidas e serem radicalmente vivas. Porque muitos dos meus clientes tem algum tipo de histórico de abuso, essa transformação pode ser um tanto espetacular e dramática.

Se há um "segredo" para o sucesso deles em conseguir dar este salto, eu diria que foi em descobrir e integrar suas capacidades para irem firme em direção da energia do *Eu vou ter isso! Não importa o obstáculo.*

Quando você escolhe este espaço, você vai perceber, ao mesmo tempo, uma expansão e densidade palpáveis, como uma bola de energia vivendo dentro de uma máquina de pinball gigante, voando pelo espaço, deixando para trás o que não está funcionando, até que, finalmente, você chega onde pretendia e escolheu.

Esta energia do *Eu vou ter isso!* cria a ideia de que – não importa de onde você veio, não importa qual a sua história, não importa qual abuso, trauma ou tragédia atingiu você ou sua família, quais relacionamentos não deram certo, o dinheiro que você não tem ou que você perdeu, ou quaisquer os conflitos que você esteja envolvido – você não vai parar até que você tenha o que deseja.

Assim, mesmo que você esteja metaforicamente nessa máquina de pinball, indo de um lado para outro, dois passos para frente e um para trás, você continua se "impulsionando" para a vida com a consciência de que – não importa o que está bloqueando a sua passagem – isso não está funcionando para você e você não vai parar até que isso mude.

Eu vou ter isso! Não importa o obstáculo.

No início isso pode parecer um pouco difícil. Isso me faz pensar no ditado, "Trabalhe muito, divirta-se muito", e embora não seja exatamente isso – porque a energia do *Eu vou ter isso* é realmente fácil – deve haver uma determinação da consciência para continuar seguindo em frente, independentemente da percepção de bloqueios que aparentemente te rejeitam ou que estão tentando pará-lo. Na verdade você diz: "Ok, isso não funcionou. A escolha cria consciência. *Eu vou ter isso! Não importa o obstáculo.* Então, qual é o próximo passo?"

E, depois, vá em frente.

ATÉ ONDE VOCÊ PODE IR?

Uma das minhas clientes, por exemplo, ouviu dos sussurros de consciência, para ter um filho ao mesmo tempo em que seu casamento de 10 anos estava desmoronando. Ela sempre quis ter um filho, mas por muitas razões, não dava certo. Apesar de tudo, isso ainda atormentava ela.

Durante este período, ela trabalhou comigo extensivamente para escolher ouvir o sussurro e, assim que o fez, tudo começou a mudar rapidamente. Ela estava determinada a ter um filho sozinha de qualquer maneira e começou a tomar as grandes decisões necessárias para criar a vida que desejava, o que incluía escolher se divorciar e ter um filho por conta própria. No início ela encontrava obstáculos atrás de obstáculos. Médicos especialistas em fertilidade não queriam se envolver porque o fato de ela estar passando por um processo de divórcio complicava o cenário. Então, quando ela engravidou, ela enfrentou discriminação em sua empresa, por ser uma mãe solteira, mesmo sendo uma funcionária de alto nível em uma posição de prestígio.

Mas quanto mais sua vida desmoronava, mais ela se mantinha comprometida com o processo e trabalhava para limpar a sua consciência.

No fundo, ela disse: "Eu vou ter esse bebê. Eu sinto a energia deste espírito em volta de mim e eu não vou desistir disso. Eu escolho criar isso. O que eu preciso fazer para que isso aconteça e o que vai funcionar para mim?" e nisso, ela ouviu os sussurros de consciência sobre o espírito deste bebê e encontrou uma maneira de engravidar, e assumiu os protocolos disso. Ela escolheu utilizar as ferramentas de cura energética e a energia *Eu vou ter isso!* do "Eu me escolho, Não importa o obstáculo".

ORDENE E EXIJA

Não importa o que não está dando certo, de alguma maneira, haverá uma abertura, mesmo que pareça um buraco de uma fechadura, onde você tem que se espremer para passar. Isto, no entanto, não requer que você se curve, dobre, mutile, ou que saia do seu corpo para conseguir fazer isso.

Ao invés disso, você está se "espremendo" para se livrar das obrigações, juramentos, votos, contratos, genética, ancestralidade, sistemas de crenças e realidade física que lhes dizem: "Você não pode ter tudo. Você não pode dizer o que você realmente deseja. Você não pode criar a sua vida como você realmente deseja que ela seja".

Quando você realmente alcança essa energia, algumas das pessoas ao seu redor podem se sentir intimidadas. Elas podem confundir as suas exigências com "ser exigente", especialmente se cresceram com pessoas ou pais abusivos ou "exigentes" e não entendem a diferença. Exigir é uma postura poderosa de "Eu vou ter isso!", enquanto a outra pode ter um lado abusivo. Na essência, não poderiam ser mais diferentes.

Infelizmente, quando se trata disso, a maioria das pessoas não acredita que pode realmente exigir e comandar suas vidas, criá-la com a facilidade que realmente pode ser criada, e, portanto, vivem suas vidas como "um jogo de espera". Elas esperam pela vontade de mudar, pela criação e pelo sucesso de outra pessoa para, assim, entrarem no jogo e serem alguma coisa.

Ao pegar carona na vida de outra pessoa, se tornam parasitas sugadores de energia ao invés de serem energias geradoras, criadoras para si mesmos, para seus negócios e relacionamentos. É o oposto do: *Eu vou ter isso!*, é mais parecido com: "Eles têm isso, vou ver quanto posso tirar disso!"

Claro, isso não contribui em nada para ampliar e transformar sua vida ou ser o agente de mudança em cooperação com outros ou com o planeta.

Esse comodismo em que as pessoas vivem coloca-os em estado de letargia, sempre no limbo, esperando por "alguma coisa" mudar. Com certeza elas desejam algo a mais em suas vidas e falam sobre isso o tempo todo, mas nunca se dispõem a gerar e criar. Seus pensamentos tendem a circular em volta de si mesmos, como um tigre perseguindo sua cauda:

"Por que isso fica acontecendo comigo? Tudo é uma luta. Nada dá certo para mim, não importa o quanto eu tente. Por que tudo é tão difícil? Por que dá certo para os outros, mas não para mim?"

Sua vida está confinada em uma área muito pequena, a qual descrevi mais cedo, como uma espécie de jaula autoimposta com "barras" energéticas que as mantêm presas.

Então, como é a mentalidade de comando e demanda em diferentes situações? Bem, no local de trabalho, em vez de ser passivo, você deve ter uma abordagem proativa da vida. Uma abordagem mais proativa envolve fazer exigências para o desenvolvimento de sua própria carreira, definir metas claras e criar oportunidades ativamente. Trata-se de dizer: "Estou buscando esse caminho de carreira e vou fazer com que ele aconteça".

Essa mentalidade tende a ser fortalecedora e pode levar a uma vida profissional mais satisfatória. Em um contexto empresarial, trata-se de ser uma força geradora e criativa em seu negócio, moldando ativamente sua trajetória e seu sucesso. Você deve reconhecer a diferença entre cocriar um negócio próspero e simplesmente se beneficiar dos esforços de outra pessoa.

No entanto, tenha cuidado nos relacionamentos; é essencial reconhecer a diferença entre afirmar suas necessidades e ser dominador. Não se trata de dominar os outros; em vez disso, trata-se de expressar claramente seus desejos e expectativas em um relacionamento. Uma comunicação saudável e aberta pode levar a conexões mais satisfatórias. Por outro lado, a abordagem passiva nos relacionamentos geralmente resulta em necessidades não atendidas e desejos não expressos, levando à frustração e à insatisfação.

E quando se trata de enfrentar desafios, adotar uma rota de comando e demanda significa reconhecer os desafios como oportunidades de crescimento e buscar soluções ativamente. Trata-se de não desistir quando confrontado com a adversidade e perceber que a mudança pode ser criada com intenção e esforço.

LIBERTANDO-SE

A jaula do abuso é composta de quatro "pilares" que eu chamo de "4 Ds". Mais tarde, no Capítulo Seis, vamos explorá-los mais profundamente, mas agora nos será útil saber o que eles são:

- *(Denial)* Negação
- *(Defense)* Defesa
- *(Disconnection)* Desconexão
- *(Dissociation)* Dissociação

No meu trabalho, eu ajudo as pessoas a identificarem esta jaula invisível para que elas não apenas a destravem e se libertem dela, mas que atravessem a "ponte" para serem Radicalmente Vivas, para a energia do *Eu vou ter isso! Não importa o obstáculo.*

Se você se lembrar do capítulo anterior, Vivência Radical também possui quatro componentes – os "4 Cs":

- *(Choosing)* Escolhendo a si mesmo
- *(Committing)* Comprometendo-se consigo mesmo
- *(Collaborating)* Colaborando com o universo, sabendo que ele está conspirando para te abençoar
- *(Creating)* Criando a vida que você deseja

Quando você está esperando você não está escolhendo. Você está deixando sua porta dos fundos aberta para que nada seja criado a não ser o trauma e o drama da máquina de pinball. Isso é destruição e perda de poder, e o mantém preso na jaula invisível do abuso.

TRATA-SE DE UMA GRANDE ENERGIA

Eu vou ter isso! trata-se uma grande energia – ou pronoia.

Em seu livro, *Pronoia é o Antídoto para a Paranoia, Revisado e Estendido: Como o Mundo Inteiro está Conspirando para Banhá-lo com Bênçãos*, Rob Brezsny descreve-a como "o antídoto para a paranoia. [Pronoia] é o entendimento de que o universo é fundamentalmente amigável. É um modo de treinar seus sentidos e intelecto para que você seja capaz de perceber o fato de que a vida sempre lhe dá exatamente o que você deseja, exatamente quando você demanda".

Você pode escolher se tornar uma intensidade a qual nada pode pará-lo, não importa como. Sim, você pode dar umas voltas por algum tempo, ou ficar indo para frente e para trás naquela máquina de pinball até você se tornar o mago do pinball – focado, direto, exigente, e deliciosamente escolher aquilo que deseja. E com mais frequência, a princípio tudo pode começar a desmoronar e se afastar (e provavelmente você vai lutar contra isso), mas eu o imploro para receber isso como um sinal de que as coisas estão dando certo, que o universo está conspirando para te abençoar. Este desmoronamento e distanciamento é parte essencial do processo de criação.

UM EXEMPLO PESSOAL

Recentemente eu estava me preparando para uma turnê de seis semanas que eu estava planejando quando, de repente, do nada, fui surpreendida com diversas exigências financeiras. Minha reação imediata foi: "Ah, eu não posso sair agora e fazer tudo isso. Eu preciso trabalhar mais e pagar tudo isso – essa é a coisa certa a fazer. Eu não deveria estar embarcando agora em um avião para ir a um lugar onde vou cuidar de mim ou ajudar os outros. Como posso ir se não tenho tudo resolvido?"

Estava bem claro, esta era a voz de "Eu não vou ter isso", aquela que diz: "Está vendo? Eu te disse... você não pode ter isso". Engraçado como sempre que estamos progredindo, nós personificamos o trauma de tudo que vem em nossa direção, para nos impedir de sermos os magos, os criadores mágicos que realmente somos.

Como se isso não bastasse, ao mesmo tempo, as coisas desmoronaram no campo afetivo, quando meu "adorável companheiro" saiu do nosso relacionamento e terminou com o "nós" unilateralmente. Eu provavelmente teria escolhido diferente e diria, "Ei, o que podemos fazer juntos?" completamente consciente de que algumas vezes não dá para fazermos juntos – tenho que fazer sozinha.

Então, o que você pode fazer quando alguém escolhe algo que

não é a sua escolha? Você também escolhe. Essa é uma escolha do tipo *Eu vou ter isso! Não importa o obstáculo.*

Então, eu escolhi embarcar naquelas seis semanas, escolhi me libertar completamente daquele relacionamento, eu me escolhi e escolhi entender que o universo conspira para me abençoar e que tudo no campo financeiro geraria novas possibilidades de uma maneira fácil e sem muito esforço.

E aqui está a incrível sabedoria que vem junto ao ouvir esses sussurros e escolher você e junto com as bênçãos do universo: Tudo deu certo, melhor do que eu jamais poderia imaginar. Sim, houveram algumas pedras no caminho mas, mesmo assim, nada menos do que expansividade me acompanhou nesta jornada. Eu estou, para sempre, transformada e comprometida comigo mesma.

EU VOU TER ISSO! EU ESCOLHO ISSO! EU ME ESCOLHO!

Nessa energia há uma vontade de se libertar de tudo. Você tem que estar disposto a perder tudo para ter tudo. E, enquanto isso pode parecer uma coisa ruim, se você olhar atentamente, normalmente você vai descobrir que grande parte de tudo isso, são coisas que você já não queria porque, em algum nível, não estavam realmente te ajudando.

Vamos ser sinceros...

Se você quer algo que é nota 10, você provavelmente vai ter que se libertar daquela nota 9 a qual você se apegou, embora, inicialmente, se libertar da forma e estrutura disso pode ser a parte mais difícil. No meu caso, eu não tive problemas em me libertar ou mudar tudo aquilo que compartilhei acima. A dificuldade que eu tive foi em parar de "acreditar" que aquilo tinha que ser de uma determinada maneira para se adequar a esta realidade – até que eu incorporei o espírito da mudança e fiz escolhas para continuar escolhendo a mim e manter a exigência extremamente viva do *Eu vou ter isso! Não importa o obstáculo*. Não importa quem eu perdi, o que eu perdi, quem sai da minha vida ou se eu saio da vida de alguém, eu nunca vou desistir de mim mesma.

Se você está prestando atenção quando a vida está caindo aos pedaços dessa maneira, você pode realmente sentir e perceber a energia da mudança – geralmente é a verdadeira mudança que você está exigindo há algum tempo. Foi assim que me senti enquanto assistia minha vida inteira se despedaçar bem na frente dos meus olhos, derretendo-se em um líquido e alimentando a terra. Mas mesmo com tudo aquilo grudando em mim, e me sufocando com as emoções, eu sabia que tudo que estava acontecendo na energia do *Eu vou ter isso!*, e que isso me traria mudanças.

Nessas situações, eu descobri que o melhor a fazer é de alguma maneira contraintuitivo – apenas se divirta, brinque com a energia e leve a máquina de pinball junto com você pelo buraco da fechadura para um lugar onde tudo é leve e expansivo. Nós muitas vezes desistimos segundos antes da mágica acontecer.

Porque, o negócio é o seguinte...

E se tudo está realmente se reconstruindo?

A energia do *Eu vou ter isso!* pode fazer parecer que tudo está caindo aos pedaços, mas e se tudo está realmente se reconstruindo?

Com certeza, este é o momento onde você poderia fazer aquela escolha pragmática, e desistir daquilo que você realmente exige e deseja. Ou, você poderia dizer: "Não, eu posso criar isso, eu posso fazer isso, eu preciso disso, eu estou cooperando com o universo, eu estou me escolhendo e estou me comprometendo comigo mesmo e criando a reconstrução da minha vida".

Você tem que saber que o universo conspira para abençoá-lo, da mesma maneira que você é a demanda por você mesmo, mesmo quando a aparência das coisas está mudando. Se você olhar para a natureza, você verá que esta é a ordem natural das coisas. O que acontece depois de um incêndio na floresta? Uma nova vida respira e cresce.

Na criatividade, há sempre um colapso, um movimento em direção a um espaço amplo de escolha e criação. Semelhante à prática chinesa do Feng Shui, onde você conscientemente move e muda as coisas e as reorganiza para criar um ambiente mais harmonioso e próspero, a energia do "Eu vou ter isso!" é o movimento das moléculas dentro de você para incorporar a exigência de viver radicalmente vivo, além de qualquer coisa que se permitiu até agora.

É TUDO UMA ESCOLHA – SUA ESCOLHA

Sendo a força geradora, a energia do *Eu vou ter isso!*, é o oposto de esperar. É realmente uma desculpa, esperar que as coisas se "resolvam", esperar por um "sinal", ou por qualquer coisa que esteja esperando tornar-se óbvia. Você se coloca em uma posição de, possivelmente, ter que esperar por um longo tempo.

Eu pergunto às pessoas "Você já não esperou tempo suficiente para alguém ser a demanda em sua vida? E se você é a energia que você está esperando?"

Consegue perceber que você pode ser uma exigência para você, mesmo quando estiver com outra pessoa? Foi isso o que eu criei, junto com a minha equipe, na sede da Live Your

ROAR LLC. Todos tornaram-se catalisadores para superarem o abuso e viverem radicalmente vivos. Ninguém depende de mim para ter sucesso. Nós perguntamos à nossa empresa o que deseja e o que ela gostaria de ter e então começamos a criar tudo isso. Nós somos a demanda e o universo nos abençoa atendendo aos nossos pedidos.

Se você é alguém que tem a energia do *Eu vou ter isso!* Não importa o obstáculo, então conviver com pessoas que estão "esperando" pode ser, no mínimo, um desafio. Por exemplo, digamos que você é um pequeno empresário, e tem um funcionário que tem questões relacionadas a receber dinheiro. Obviamente, você provavelmente não sabia disso quando o contratou e o colocou em uma função onde é responsável pelo dinheiro. Mais tarde, quando você pergunta sobre a situação de um pagamento, você percebe que ele inventa uma desculpa ou diz coisas como: "Sim, eu falei com o cliente e ele disse que pagou", mesmo que o seu banco tenha o informado que o pagamento foi recusado. Você fica dando voltas, e isso acontece continuamente.

O que acontece é que, porque ele recusa a receber dinheiro para si mesmo, ele também bloqueia, inconscientemente, o recebimento do dinheiro em nome da empresa. Como efeito, isso cria um jogo de paciência para receber dinheiro e pode destruir negócios e relacionamentos.

Quando se trata de dinheiro, receber e cobrar exige um poder pessoal para escolher o que você deseja além daquilo que você já tem. Em outras palavras, exige a energia do *Eu vou ter isso! Não importa o obstáculo.*

Ser a energia geradora do "Eu vou ter isso!" é um espaço aberto do "Vá em frente e crie!" Não importa de onde você é ou o que quer ser, o processo criativo é sempre o mesmo e você pode muito bem assumir que, quando está perto o suficiente para prová-lo, as coisas vão começar a aquecer, implodir, ou desmoronar.

É neste exato momento que você tem que se libertar e incorporar plenamente o *Eu vou ter isso!* para que tudo possa se recompor, e ao mesmo tempo alinhado com o universo e com a sua escolha. Isso faz com que tudo seja sobre você e sua vontade de permitir a grandeza desta realidade, que está aqui para colaborar com você e te abençoar.

No entanto... há um "pegadinha".

Sua disposição para permitir todo esse suporte em seu benefício, pressupõe uma capacidade de realmente receber, e eu descobri que é nesse lugar onde as pessoas que foram abusadas geralmente encontram mais dificuldades.

Sinceramente, elas não conseguem fazer isso.

Então, vamos seguir em frente e descobrir o que é preciso para se tornar um "bom recebedor".

CAPÍTULO 4

GENTILEZA... O GRANDE RIO QUE CORRE DENTRO DE VOCÊ

Gentileza contínua pode fazer muitas coisas. Da mesma forma que o sol derrete o gelo, gentileza faz o mal-entendido, a descon-fiança e a hostilidade evaporarem.

— ALBERT SCHWEITZER

Você nasceu para ser gentil – e eu não estou inventando isso.

De acordo com uma entrevista na *Scientific American* chamada, "Esqueça a sobrevivência do mais forte: É a gentileza que conta", a gentileza tem uma "ligação direta" com o nosso cérebro.

Não que isso seja um padrão para todo mundo, mas está presente na forma de um dom natural.

Minha intenção neste capítulo é expor isso de uma maneira que talvez você não tenha pensado antes, porque, na verdade, a gentileza é muito mais do que apenas uma boa ideia, ou algo que você faz para ser "agradável".

É realmente uma força, ou poder, que, como Albert Schweitzer tão elegantemente expressou, "faz o mal-entendido, desconfiança e hostilidade evaporarem".

E se você já passou por qualquer forma de abuso em sua vida – passada ou presente – você vai querer saber sobre esse seu amigo interior.

Pessoalmente, eu só me tornei amiga dele após os meus 20 anos de idade – depois que a minha professora de Violência Familiar me mostrou o que era a bondade, se aproximando de mim e perguntando se eu estava bem. Ela notou a minha linguagem corporal, que havia se formado durante as duas décadas de abuso, trauma e *julgamento*, com os quais eu convivi durante o meu crescimento. Meus ombros estavam curvados para cima e para frente, quase perto das minhas orelhas, em um esforço para me proteger dos espancamentos físicos, verbais e energéticos que havia sofrido.

Eu tive outros tipos de comportamentos, que também escancaravam o abuso, que vieram do abuso sexual que sofri como modelo infantil. Pelo menos, para um olho treinado, eles eram óbvios. Estes padrões de abuso se internalizaram em diversos níveis – tanto na forma como eu andava e me portava como na maneira em que me comunicava comigo e com os outros.

Hoje, eu me refiro a isso como a "somatização do trauma", esses muitos jeitos de ser, que se tornam uma parte solidificada de nossa estrutura física e energética, integrados e presos à nossa estrutura celular e molecular.

Soa pesado, não é? Parece uma fortaleza impenetrável.

Bem, a boa notícia é que, se isso é verdade, então a gentileza é o coração da onda que que vai derrubá-la.

A FORTALEZA DO JULGAMENTO

Pode-se dizer o seguinte sobre o julgamento...

Ele existe há muito, mas muito tempo − milhares e milhares de anos. Os seres humanos o aperfeiçoaram como se fosse uma "habilidade". Mas isso não é o pior de tudo.

O julgamento está emaranhado no material do nosso DNA. Nós o herdamos no momento em que despertamos na consciência coletiva, pois é transmitido por diversas gerações ao longo do tempo e passado para nós. Isto é, até que alguém quebre o ciclo. Costuma-se dizer que são os "pecados do pai".

Então o que é preciso para quebrar o ciclo?

Excelente pergunta...

Mas antes de falarmos sobre isso, vamos verificar o que o julgamento perpetua na sua vida *se você não o fizer*.

- O julgamento faz com que você continue mentindo para si mesmo e o prende de volta na "jaula invisível do abuso", o que o mantém distante de você mesmo, dos outros, de viver e, certamente, de criar a vida que você deseja.
- Julgamento é uma forma de contração e limitação, um dispositivo de *abuso próprio* e uma forma profunda de abuso próprio. É o oposto da expansão que o mantém pequeno e lutando, vitimizado e impotente, blindado e dormente. O resultado disso, é que você parar de gerar e criar fora da jaula; ao invés disso,

você continua sendo o que era mantém vivo o ciclo do abuso.

- Quando você julga a si mesmo, você se torna, eternamente, o seu próprio carcereiro e se prende ainda mais no que é errado em você. O julgamento faz com que você volte ao conforto do que você já conhece (o quão "mau" você é) e garante que você nunca tenha que ser mais do que você é agora. Ele solidifica a jaula invisível do abuso.

- Quando você julga o outro, você está, na verdade, se defendendo, desconectando, negando e se dissociando daquilo que você não está disposto a ver sobre si mesmo. Chamo isso de "4 Ds". Por natureza, isso o isola e o separa, o oposto de unidade e de pertencimento.

- O julgamento é, na realidade, algo que eu chamo de "recebimento forçado", porque, em essência, você está forçando-se a aceitar *julgamentos* de outra pessoa, especialmente no lugar onde você foi abusado e teve que receber algo que não queria – que foi forçado a receber. Como resultado, você cria "espinhos", afiados, e pontudos, como um porco-espinho, que pode e vai repelir as pessoas de chegarem muito perto.

Os julgamentos são resistências à realidade que usamos para nos proteger. Muitos deles aprendemos quando crianças, seja porque vimos ou ouvimos, ou porque decidimos julgar para reagir a algo que estava acontecendo conosco. Estas decisões acabam se tornando pensamentos correntes, as lentes através das quais enxergamos a realidade e por elas vivemos, no modo piloto automático, pelo resto do voo.

O problema é que, ao continuar usando-as em nossos encontros diários com vida, nós eliminamos qualquer outra possibilidade que, não fosse isso, poderíamos ser, fazer ou ter.

E é para este fim – limpando e transformando esses julgamentos para viver uma vida livre e divertida – que dediquei a maior parte da minha carreira e prática de cura.

Na verdade, tenho um nome para isso. Dei o nome de Live Your ROAR – uma realidade orgástica e radicalmente viva. Como pode ficar melhor do que isso?

VOCÊ É A POSSIBILIDADE EM PESSOA

Sua verdadeira natureza é criatividade ilimitada, abundância e expansão.

Quando você está sentado atrás de uma mesa, em um cubículo, pode ser que não se sinta assim, então, a melhor maneira que eu conheço para realmente apreciar e aumentar a sua consciência sobre esse conhecimento é entrar em contato com a natureza com mais frequência.

Você nem precisa fazer nada...

Ele virá até você intuitivamente.

Uma das razões que torna esse contato com a natureza tão poderoso é que a Terra é o único lugar onde o julgamento não consegue permanecer. É o lugar ao qual você pode voltar quantas vezes quiser para liberar os seus julgamentos e sentir a paz e as possibilidades de expansão. Na realidade, é uma gentileza presentear a terra com os seu julgamentos.

Ao presentear a terra com o lixo dos seus julgamentos, você literalmente fertiliza uma nova possibilidade para si mesmo e para todo mundo.

Então, o que é possível?

Uma coisa é certa, uma vez que você se coloca fora da jaula do abuso que o mantém em uma história de "vítima", o mundo inteiro se abre para você. Lá fora, no espaço aberto e selvagem, você percebe que você tem outras opções de como viver e se relacionar com você e com os outros.

Por exemplo, no meu caso, quando eu descobri quem eu realmente era além de uma garota apagada, infeliz e autodestrutiva, eu aprendi que eu era gentil, brilhante, fenomenal e engraçada.

Quem e o que está esperando para ser visto por você?

Enquanto você exercita novas escolhas, você começa a se tornar mais confiante. Os velhos padrões de abuso já não têm poder sobre você. Agora você tem o poder sobre o seu abuso e, com isso, o poder de escolher uma nova vida para você.

Você não cria mais a sua vida a partir da destruição, mas a partir da escolha.

Eu sei que pode parecer uma tarefa difícil, porque, honestamente, você pode ser mais comprometido com a história de vítima do que com a possibilidade de vida fora dela. Eu sempre vejo isso nas pessoas quando elas me procuram. Você pode se sentir como uma vítima das circunstâncias, como eu fiz por tanto tempo, como se não houvesse nada que você pudesse fazer para mudar isso.

Mas isso é uma mentira...

Simples assim.

GENTILEZA COMO UMA ENERGIA GERADORA

É comum que as crianças que foram abusadas acreditem que elas são más e erradas, mas a conversa com a minha professora de Violência Familiar na universidade, e sua ajuda, era o que eu precisava para perceber que eu não era inútil.

Esta professora era foi a única pessoa que me perguntou se eu estava bem, e esse único gesto de gentileza me inundou com a consciência de como eu não estava bem. Com seu apoio, comecei a enxergar que havia algo que eu poderia fazer para superar o abuso do meu passado – que eu poderia fazer mais do que apenas sobreviver, até mesmo, um dia, prosperar.

Era como se ela tivesse me dado a chave secreta para me libertar da jaula do meu próprio abuso.

Comecei a ver os padrões abusivos e destrutivos que eu estava perpetuando através de um comportamento imprudente e me comprometi a escolher de forma diferente. Eu não fiz isso sozinha. Foi através de apoio profissional e conversas confidenciais que eu finalmente fui capaz de descartar a história de vítima que eu estava vivendo por quase três décadas.

Quando eu deixei isso para trás, a jaula invisível também começou a desmoronar. Eu não precisava mais das barreiras e muros que tinha erguido para me proteger, pois eu lentamente percebi que haviam outras opções para a minha vida e para os meu relacionamentos, com os outros e comigo mesma.

E tudo começou com esse único gesto de gentileza que, na verdade, fez com que o "mal-entendido, a desconfiança e a hostilidade evaporassem".

Obviamente, nem todos os momentos de gentileza terão o mesmo efeito. A gentileza tem muitas faces. Ela varia do gesto mais simples – como um sorriso – que não leva mais do que um segundo, até as ofertas extravagantes de ajuda. Ela pode ser aleatória e aparecer do nada ou como uma resposta às necessidades de alguém.

Na verdade, provavelmente isso é mais natural para você do que qualquer outra abordagem, porque, como eu disse no início, a gentileza *já está em você*.

Você não precisa ir muito longe para encontrá-la, no entanto quando você está trancado em julgamento pode parecer impossível acessá-la. Então, se você está tendo dificuldades em ser gentil, comece a procurar pelos julgamentos ocultos que estão bloqueando a sua visão.

Uma maneira de fazer isso é fazendo perguntas como estas:

- *"Estou sendo julgamento ou gentileza com isso?" – seja relacionado a dinheiro, relacionamento, seu corpo, ou qualquer outra coisa.*
- *"Isso é expansivo ou restritivo?"*
- *"Isso é leve ou pesado?"*

Ao se comprometer com você e aceitar a gentileza – sua e de outros – um novo espaço de energia e consciência pode aparecer – um lugar de recebimento que é ao mesmo tempo vibrante, vivo, potente, saboroso e deliciosamente você.

Gentileza conduz a um pico de vitalidade que requer apenas quatro coisas, que eu chamo de "4 Es":

1. *(Embracing) Aceitando* o que é verdade para você
2. *(Examining) Examinando* o que você está realmente olhando
3. *(Expanding) Expandindo* para uma nova possibilidade, consciência, e gentileza

4. *(Embodying) Incorporando* a mudança e o verdadeiro
   você

De uma forma muito real, aprender a ser gentil é como aprender um novo idioma. No meu caso, não era um idioma familiar. Não era a meu "primeiro" idioma, aquele que eu ouvia e falava em casa. E foi necessário praticar muito ao longo do tempo, não só para aprender, mas para, assim, tornar-me fluente.

E, como um idioma, isso é uma energia criadora, geradora – exatamente o que é preciso para criar uma nova vida preenchida com a energia de expansão.

O maravilhoso disso é que, quando você para de julgar e aproveita o poder da gentileza e do carinho, você pode dissolver todas as experiências negativas e deixar de lado a necessidade de se proteger.

Você pode finalmente lançar os espinhos e estar aberto para receber a vida abundante – para ser verdadeiramente o presente que você é para você mesmo e para o mundo. Neste lugar sem barreiras, você vai descobrir uma espaço mais suave, mais vulnerável... mas ao mesmo tempo sagrado e seguro.

É aqui que a energia de recebimento flui livre e fácil como um grande rio.

Você só precisa escolhê-la, entrar nela e deixá-la levá-la ao longo do seu amplo e generoso caminho. É toda sua simplesmente por escolhê-la.

No próximo capítulo, vamos falar mais sobre recebimento e, especificamente, "recebimento seduzido".

Recebimento Seduzido Para Ser o Presente Que Você

Verdadeiramente É

CAPÍTULO 5

A partir de então, percebi que isso é o que eu quero fazer, o que eu tenho que fazer: Dar energia e recebê-la de volta através do aplauso. Eu amo isso. Esse é o meu mundo. Eu amo isso. Eu gosto disso. Eu vivo para isso.

— *ERYKAH BADU*

Espero que, agora, você esteja começando a perceber que você está aqui para viver uma vida muito maior do que você imaginava até agora.

Não importa o obstáculo.

Talvez o seu "obstáculo" – como o meu – seja superar décadas de abuso e viver intensamente. Se eu posso criar uma vida além dos meus sonhos mais malucos, eu sei que você também pode fazer isso. Na verdade, eu sei que todos os meus clientes podem.

Tenha você lutado, ou não, com o abuso, é provável que, se você estiver lendo este livro, há algo em sua vida que parece uma armadilha, uma jaula, de alguma maneira você se sente excluído da possibilidade de recebimento.

A boa notícia é que a chave para abrir a jaula do não se receber está dentro de você.

O QUE É RECEBER?

Receber é uma ação sem barreiras para qualquer um ou alguma coisa. É um espaço de vulnerabilidade, de abertura e de unidade com tudo. Receber não tem limites ou obrigações. Não é forçado ou exigido, é simplesmente um modo de ser o espaço de *você* na energia do *você* sendo a sua própria consciência!

Para ser a energia, espaço e consciência de você, você só precisa imaginar que você é tão grande quanto o Universo e a Terra. Nesse grandeza, você é tudo e nada ao mesmo tempo. Você é uma parte de tudo isso, porque há literalmente uma comunhão molecular, que inclui a consciência de, para e sobre tudo.

Essa energia que eu chamo de "receber", te dá poder total, escolha total, consciência total, e força total contra a vulnerabilidade contida dentro da vontade de ser o maior que puder ser.

Como seria o mundo se todos vivêssemos como se fôssemos esse espaço de energia?

Infelizmente, a energia de receber neste planeta foi envolvida nas guerras, conflitos, abusos e terror, a qual, definitivamente, *não* é a energia de receber. Receber cria; abuso destrói. Receber gera; guerras destroem. Receber cria a comunhão;

conflitos formam as separações. Receber constrói a sustenta-bilidade; terror extingue a escolha. Escolher é receber.

Receber é escolher além da forma e estrutura desta realidade.

Receber, então, é a maior arma que temos para abolir modos ultrapassados de ser – simplesmente ser a energia da permissão total.

O QUE É ENERGIA DE RECEBER?

Receber é a energia necessária para viver a vida que você deseja. É também a energia que você pode estar bloqueando se você experimentou qualquer forma de abuso.

Como você sabe se está bloqueando a energia de receber?

- Você almeja comunhão, mas se sente preso em relacionamentos menos do que satisfatórios.
- Você deseja sucesso em sua carreira, mas atingiu um platô e não entende por que você não está ganhando mais.
- Você sonha em ser vibrantemente saudável, mas tem luta com alguma condição crônica.

Em meu próprio processo de cura, eu descobri que há uma conexão direta entre o abuso e a tendência para bloquear o recebimento. No entanto, existem maneiras para desbloquear a energia de receber em sua vida. Abaixo, listei cinco passos que podem te ajudar:

5 PASSOS PARA DESBLOQUEAR A ENERGIA DE RECEBER

Passo 1: Reconhecer o Porco-espinho Invisível

Com que frequência você fica ouriçado quando alguém vai em sua direção?

Eu chamo isso de ser o "porco-espinho invisível". É um fenômeno que eu conheço muito bem, tanto em mim como nos clientes com quem trabalhei ao longo das últimas duas décadas.

Você sabe de onde vem esses espinhos? Seu abuso do passado. Houve uma época em que o mundo não era seguro para você, então você criou esses espinhos na melhor tentativa de se proteger. Os espinhos funcionaram bem naquela época; agora eles apenas estão ultrapassados.

Quanto você está afastando em sua vida com estes espinhos?

Assim como você esperava que os espinhos mantivessem o seu agressor longe, eles agora mantêm o amor, dinheiro, clientes e tudo o mais em uma distância "segura". A distância segura bloqueia o receber porque você está sempre se preocupando com a próxima catástrofe.

Será que está na hora de atualizar seu disco rígido?

O primeiro passo para desbloquear a energia do receber é reconhecer que você tem sido um porco-espinho invisível com os espinhos armados e prontos para te defender 24 horas por dia, incorporando uma postura de autodefesa preparada para o ataque o tempo todo.

Passo 2: Eliminar as Histórias que Bloqueiam o "Receber"

Quando você sofreu um abuso, você foi obrigado a "receber" algo que você não desejava receber. Nesse momento você criou uma história que não é seguro receber de qualquer forma. Amor? Dinheiro? Saúde? Tudo se torna perigoso.

Para mim, receber significava receber o julgamento. Significava fazer o que minha mãe mandava senão eu apanharia. Significava ser e viver as realidades de outras pessoas com um desejo desesperado de obter carinho e amor (o que eu nunca tive, exceto na forma de dinheiro e objetos e, eventualmente, abuso).

O que receber significa para você?

Que histórias você contado a si mesmo sobre receber que mantêm os espinhos no lugar? Você está disposto a se desvencilhar dessas histórias?

Quem ou o que você tem identificado e aplicado erroneamente como receber que está, na verdade, defendendo?

Passo 3: Reconhecer que os Espinhos Machucam Ambas as Partes

Assim como os "espinhos" do porco-espinho invisível apontam para fora e mantêm tudo na vida (amor, dinheiro, saúde, etc.) a uma distância "segura", eles também apontam para dentro e o impedem de seguir em frente em sua própria vida.

Em algum momento, talvez há muito tempo atrás, você aprendeu que não era "seguro" seguir em frente. Em uma tentativa de escapar do seu abuso, ou contar a alguém sobre seu abuso, você pode ter se desconectado ou se dissociado. De qualquer maneira, você se afastou de você mesmo para tentar manter-se seguro.

Então você continua se espetando com seus próprios espinhos em forma de julgamentos e de histórias, de que não é seguro ser visto ou ouvido.

Você sabe o que mais machuca nisso tudo? Você está vivendo sua própria vida a uma distância "segura" de si mesmo e nunca recebe plenamente a beleza e potência de ser você.

Você nunca chegar a receber você.

E, francamente, você provavelmente tem pouco ou nenhum conhecimento sobre quem você é – quem você verdadeiramente é – porque você sempre foi os espinhos e nunca permitiu que o verdadeiro você surgisse.

Esta é a verdadeira epidemia de abuso desta realidade: nos divorciamos de nós mesmos.

Assim como nas Passos 1 e 2, você precisa reconhecer que os espinhos também te machucam, e deixar de lado as histórias que você inventou sobre o que significa seguir em frente em sua própria vida, e a maneira de fazer isso é através do perdão e da aceitação. Estas são as chaves para esse passo e elas são exclusivamente para você.

Perdoar e aceitar a si mesmo é a maior gentileza que você pode receber para você.

Passo 4: Libertar o Recebimento Forçado

Como mencionado no Passo 2, quando você sofreu o abuso, você foi forçado a "receber" algo que você não desejava receber. Isso é chamado de "recebimento forçado".

Como esta experiência do passado impacta na maneira como você doa aos outros hoje?

Você escapou do recebimento forçado ou você está, na verdade, repetindo o ciclo? Recebimento forçado te condiciona a ser rejeitado repetidamente. É o que te afasta da verdadeira comunhão em todos os aspectos da sua vida.

Como você sabe se está preso no ciclo de "recebimento forçado"?

Você acha que sabe o que é melhor para os outros: "Olha, coma isso", "Faça isso", "Tome isso". Você oferece o que você acha que os outros "devem" ter ao invés daquilo que eles pedem.

Essencialmente, você está vivendo como se fosse superior a todos e desatento sobre tudo. Só porque você pode fazer coisas para os outros, não significa que eles querem essas mesmas coisas. Forçar alguém a receber o que você acha que é melhor, sugere que você sabe o que é melhor para eles, que é mais esperto e está mais consciente, desvalorizando-os completamente. É um desrespeito total a eles.

Então pare de impor a sua vontade sobre os outros, e permita que sejam quem são e os aceite quem são, sem nenhum ponto de vista. Uma simples curiosidade sobre o outro é um bom começo para criar relacionamentos a partir do receber e permitir.

Então, como você supera o "recebimento forçado" e direção a uma outra possibilidade?

Passo 5: Acolher o Recebimento Seduzido

Tudo começa com a consciência. Quando você enxergar como está usando o "recebimento forçado" você pode escolher outra coisa.

Por que não tentar o recebimento seduzido?

Considerando, a sedução pode soar um pouco perigosa para você, especialmente se sofreu algum abuso por ser ou fazer algo que "seduziu" a outra pessoa a te abusar.

Então, apenas um lembrete, como no passo 2, aqui você pode escolher eliminar esta história que te impede receber.

E se houver um jeito "seguro" para ser sedutor?

E se "recebimento seduzido" é essencial para convidar para a sua vida tudo aquilo que você deseja? Nossos invasores tentaram tomar algo ao qual não tinham direito. Manter a sedução ou a vida orgástica longe de você mantém os invasores no comando. Tornar-se a arte da sua própria sedução sobre restaura um espaço de personificação que sempre esteve dentro de você mesmo antes do abuso. Exija-o, ele é seu.

Com o recebimento seduzido, você está sendo o convite para o que deseja. Você se torna a energia da possibilidade, de mais saúde, relacionamento, dinheiro e negócios.

O que é necessário para que a sua gentileza e seu carinho sejam tão fortes, que dissolveriam todos os momentos em que foi maltratada (dos quais você continua tentando se "proteger" usando os seus espinhos)?

É neste lugar de recebimento seduzido que você se torna verdadeiramente o presente que você é: para você e para o mundo.

Neste lugar de vulnerabilidade macio, você larga os espinhos; não há mais barreiras. Aqui, a energia de recebimento flui livre e facilmente.

O espaço, energia e consciência de receber é vibrante, vivaz, potente, suculenta e simplesmente deliciosa.

É deliciosa porque é você sendo você.

É vivaz porque você está incorporando a sua energia.

É potente, porque a sua maior força é a gentileza.

É vibrante e suculenta, porque você está permitindo que todo o seu ser seja presenteado nesta e com esta realidade, mudando, no nível molecular, a todos e tudo em você e ao seu redor.

Recebimento seduzido é a maior forma de vitalidade neste planeta. Todos nós o temos intrinsecamente e, quanto mais você aceitá-lo, mais você conectará com a energia de expansão, que irá descobrir no próximo capítulo.

CAPÍTULO 6
A ENERGIA DE EXPANSÃO

A vida pessoal profundamente vivida sempre se expande em verdades além de si mesma.

— *ANAIS NIN*

Quando eu tinha apenas sete anos de idade, eu lembro de olhar para a lua pela janela do meu quarto com uma pesada oração em meu coração. Até então, eu já tinha sofrido todos os tipos de abuso físico, sexual, emocional e mental, que continuaram até meus 20 anos de idade. E foi nessa idade que eu me comprometi a me libertar do que eu chamo a jaula invisível do abuso, porque eu sabia que era possível ter mais do que isso.

Jurei que um dia eu encontraria um caminho diferente para a vida que eu estava vivendo. Jurei que eu faria o que fosse necessário para criar um mundo onde todas as crianças pudessem colocar suas cabeças em seus travesseiros à noite e descansar em paz.

Foram anos, muito apoio e muita coragem para praticar a arte da energia de expansão. Eu encontrei uma maneira de vencer minha infância de abuso sexual e ajudei muitas pessoas a superarem seus próprios abusos e a criarem vidas sem limitações.

Eu viajo pelo mundo facilitando cursos. Eu tenho um programa de rádio na *Voice America* onde eu alcanço milhares de ouvintes a cada semana com o meu programa, "Além do abuso, Além da Terapia, Além de Tudo".

Digamos que eu mantive a promessa que fiz à minha criança de 7 anos de idade.

Eu escolhi nunca desistir, nunca ceder e sempre ir em direção ao que fosse infinitamente possível. E, atualmente, estou comprometida com a erradicação e eliminação do abuso neste planeta para que mais crianças e mais adultos vivam suas existências empoderados, expansivos, que são seus direitos de nascença.

Não é Tudo Sobre Abuso

Sendo bem clara, você não precisa ter sofrido um abuso quando criança para se encontrar trancado em sua próprio jaula invisível, que o impede de ser a energia de expansão e grandeza que você deseja ser.

A jaula invisível não conhece gênero e fica mais do que feliz em seduzir qualquer um.

Se você estiver preso em suas grades, você provavelmente está pronto para se libertar e criar o mundo que você sabe ser possível. Talvez, como eu, você fez uma promessa para fazer isso por você mesmo, mas apenas não sabe ao certo como fazer isso.

Convido-o a explorar as diversas maneiras como a "jaula invisível" o manteve longe da sua grandeza para que você, também, possa ir além da constrição da jaula e para a incorporação da energia de expansão.

RECONHECENDO A ENERGIA DE EXPANSÃO

Se você está nessa jornada, saber o que está procurando criar vai ajudar muito. A energia de expansão é:

- Conhecer a sua grandeza e o ser mágico que você realmente é
- Viver uma vida de diversão, liberdade, alegria e de vivência radical
- Reconhecer que sempre existem infinitas possibilidades
- Pedir e receber o que você deseja
- Experimentar a comunhão com você e com os outros
- Presentear o mundo com aquilo que é exclusivamente seu
- Escolher criar uma vida empoderada além de qualquer limite

É fantástico, concorda? Imagine o tipo de vida que você pode criar quando você incorporar esta energia de expansão.

A fim de envolver-se plenamente e viver a partir desta poderosa energia, vamos examinar três das maiores limitações da jaula invisível, e como superá-las para incorporar a energia da expansão que você realmente é.

DA VITIMIZAÇÃO PARA O EMPODERAMENTO

Quando criança, eu me tornei bastante fechada. Nada do que eu fazia surtia efeito: eu continuava sendo abusada. Eu cresci acreditando que não havia nada que eu pudesse fazer para escapar do abuso. Eu era uma vítima dele.

E eu carreguei essa história de vítima até os meus 20 anos de idade – eu bebi, vivia em festas, usei drogas e tive outros comportamentos imprudentes na tentativa de escapar da dor que o abuso me trazia. Eu não me importava comigo mesma. Eu não sabia na época, como é comum, para as crianças que sofreram abusos, acreditarem que são más e erradas.

A jornada para superar a história de vítima me transportou da jaula invisível até a mim mesma e, por fim, para fora da jaula para quem eu realmente sou. Eu descobri que eu realmente era por trás daquela menina fechada, miserável e autodestrutiva. Eu aprendi que eu era gentil, brilhante, fenomenal e divertida.

Eu também percebi que tinha outras opções de vida e de como me relacionar comigo e com os outros. A partir do momento que eu escolhi diferente, eu me tornei mais confiante. Confrontei diretamente os velhos padrões e reconheci a destruição que causaram em mim. Então, escolhi criar a minha vida a partir do que é leve e certo para mim. Eu escolhi me dar a possibilidade de criar algo completamente diferente e, ao mesmo tempo, ligado a quem eu sempre fui, apesar do abuso.

Mas e você?

A "história de vítima" está dominando a sua vida? Você também tem repetido o ciclo de abuso através de padrões autodestrutivos, e consegue ver como isso te desempodera?

E se você realmente puder criar a sua vida a partir da escolha, ao invés da destruição?

Se você sofreu qualquer forma de abuso em sua vida, ou qualquer tipo de "injustiça", você pode estar mais comprometido com a história do "coitado de mim" do que com a possibilidade de vida além dela. Você pode se sentir como uma vítima da circunstância, como eu me senti por tanto tempo, como se não houvesse nada que pudesse fazer para mudar isso. Cada vez que eu dizia que não havia nada que eu poderia fazer para mudar a minha vida, eu sabia que estava mentindo. A minha escolha tornou-se a diferença entre mim e meus sentimentos. Eu percebi que eu não sou os meus sentimentos, mas que sou minhas escolhas.

Mas, se você escolher isso, então deixe que esta seja uma "fase" em sua jornada que sai da jaula invisível em direção à energia de expansão. Você está pronto para largar a história do "Não tenho escolha"? Se assim for, os seguintes passos podem ajudar a guiá-lo.

3 PASSOS PARA SUPERAR A VITIMIZAÇÃO RUMO AO EMPODERAMENTO

1. *Obter ajuda de um profissional*

Muitas vezes as mesmas pessoas com quem você compartilha os seus problemas – família ou amigos – são as pessoas que ajudaram a criar essas questões. Conversar com um profissional acelera o seu próprio movimento na jornada para sair da vitimização. Compartilhar o que você gostaria de criar com outra pessoa e trabalhar juntos a partir do empoderamento com e para as suas escolhas, faz toda a diferença no processo de superação do abuso sua abuso. É um plano à prova de falhas para viver radicalmente vivo. Os profissionais de cura com quem trabalhei se tornaram meus aliados na cura. Eu agora me permito ser para os outros do jeito que sou comigo mesma. Nunca julgue quanto tempo ou a direção em que a estrada o levará, apenas continue escolhendo além da contração daquilo que nunca foi o seu lugar.

2. Compartilhar sua história e liberar todos os seus segredos

Segredos os prendem no papel de vítima. Eles criam vergonha e os mantêm sem poder e presos na contração e na limitação. Para cada segredo, você tem que internalizar cerca de 25 razões e justificativas para manter esse segredo guardado. Esses segredos se tornam um peso morto e o tira da ilusão de autenticidade que você deseja. E, curiosamente, esses segredos nem mesmo são seus. Eles geralmente são invasores ou julgamentos de outras pessoas que são colocados para evitar que você seja você mesmo. O julgamento é uma verdadeira epidemia nesta realidade principalmente em torno do abuso.

3. Escolher deixar para trás – e superar – a "história de vítima"

Quando você deixa para trás a sua história a supera, você começa a ser a mágica que você realmente é. Você descobre a energia de expansão disponível para você fora da jaula. Há uma arte no ato de deixar sua história para trás, que é escolher criar o que você realmente gostaria de ser e fazer. O abuso o faz "sentir" como se nunca tivesse escolha. Naquele momento você não tinha, mas nos anos seguintes você teve escolha em cada segundo de cada dia. Eu decidi que minha história será o que eu crio agora e não o que eu criei com base no que ocorreu anos atrás.

Conforme você supera a sua antiga história, você começará a sentir a energia de expansão: liberdade, alegria e sua própria grandeza. Você começará a ver mais possibilidades para você mesmo e para a sua vida, e descobrirá novas fontes da sua própria potência em lugares surpreendentes. Isso vai despertar em você o reconhecimento de que você tem sido sempre você após o abuso e antes do abuso. O abuso nunca tem que defini-lo, pois você é e sempre será muito mais.

DA ARMADURA PARA A VULNERABILIDADE

Quando minha mãe me xingava e me chamava de nomes, eu não chorava ou deixava transparecer o quanto aquilo me chateava. Eu apenas fazia o que me mandavam, e ia para meu quarto me esconder. Quando ela me batia, eu me "preparava" e me encolhia, abraçando o meu corpo. Eu sabia que se chorasse, ela só me bateria mais forte. Se eu apenas aceitasse e colocasse a minha "armadura" invisível que era não chorar, eu sabia que acabaria mais rápido.

Eu cresci acreditando que estaria mais segura se fosse forte. Eu desenvolvi uma armadura realmente espessa para proteger as minhas partes mais frágeis. Desta forma os meus abusadores só conseguiriam atingir a minha armadura; eles nunca me "teriam" por inteira.

Como eu falei no capítulo anterior, eu chamo este tipo de comportamento de "fenômeno de blindagem do porco-espinho invisível". É muito importante entender que eu dediquei dois programas de rádio inteiros a este tópico (você pode encontrar as gravações grátis para estes programas no meu site em www.DrLisaCooney.com). Assim como um porco-espinho se defende com espinhos afiados, pode ser que você também esteja vestindo uma armadura feita de espinhos invisíveis. É a sua melhor tentativa de proteger-se de um mundo que não parece seguro.

Mas quão expansiva você pode ser quando você está constantemente se defendendo?

Assim como você esperava que os espinhos manteriam um abusador longe de você, agora eles mantêm relacionamentos, dinheiro, clientes e tudo o mais, a uma distância "segura". Estes espinhos o impedem de receber a vida que você deseja porque parece perigoso receber qualquer coisa.

Quanto você está afastando da sua vida agora com esses espinhos?

E, assim como os espinhos do porco-espinho invisível apontam para fora e mantêm tudo na vida (relacionamento, dinheiro, clientes, etc.) a uma distância "segura", eles também apontam para dentro e o impedem se seguir em frente na sua própria vida.

Em algum momento, talvez há muito tempo atrás, você aprendeu que não era "seguro" seguir em frente. Em sua tentativa de escapar do seu abuso, ou contar a alguém sobre o seu abuso, você pode ter se desconectado ou se dissociado. De qualquer maneira, você foi embora de você mesmo para tentar manter-se seguro.

Então você continuar se espetando com seus próprios espinhos na forma de julgamentos e a história de que não é seguro ser você. Você se mantém pequeno, talvez até mesmo invisível, para tentar escapar de qualquer perigo conhecido que ainda pode estar "lá fora".

Você quer saber qual é a coisa mais dolorosa nisso?

Você está vivendo sua própria vida a uma distância "blindada e segura" de si mesmo, nunca recebendo toda a beleza e a potência de você. Nunca experimentando a força da sua vulnerabilidade.

Vulnerabilidade é ser você sem a armadura, sem as defesas.

Precisei me relacionar com terapeutas, curadores, parceiros e, finalmente, eu mesma, para confiar que eu poderia estar "segura" se eu removesse a minha armadura. Com o tempo, eu finalmente larguei meus espinhos internos e externos.

E, assim que meus espinhos se dissolviam, eu descobri um novo nível de vulnerabilidade que me serviu de uma maneira muito maior.

Neste espaço frágil e aberto, eu vivenciei a comunhão comigo e com outros como eu nunca tinha feito antes. Eu era capaz de pedir e receber o que eu realmente desejava. E eu me senti mais viva do que nunca, porque eu estava finalmente recebendo plenamente a mim e à minha vida.

Eu descobri que há uma potência na vulnerabilidade que parece ser muito diferente força de se "preparar para o pior". Na verdade, essa potência é a melhor "proteção" que você poderia realmente precisar.

Entretanto, um pequeno aviso...

Quando não tiver mais a armadura, você pode se sentir um pouco "nu" ou superexposto − e isso é completamente normal. Nada está errado. É apenas seu frágil espaço interior tornando-se cada vez mais exposto a uma vida de comunhão com você mesmo sem a armadura.

Ainda assim, há um aspecto difuso final da jaula invisível que vai impedi-lo de acessar a energia de expansão a menos que você aprender a superá-lo.

DO JULGAMENTO À GENTILEZA

O julgamento é o oposto de expansão. É uma forma de contração e limitação, e uma forma abrangente de abuso próprio.

Quando você julga o outro você está, na verdade, se defendendo se desconectando, negando e se dissociando daquilo que você não está disposto a ver sobre si mesmo. Julgamento o mantém mentindo para você mesmo e o aprisiona novamente na jaula invisível do abuso, a qual o mantém preso longe de você, dos outros, da vida e, certamente, de criar a vida que você deseja.

Quando você se julga, você se torna eternamente seu próprio carcereiro e aprisiona ainda mais o errado em você. O julgamento te coloca de volta no conforto daquilo que você sabe (quão "mau" você é) e garante que você nunca tenha que ser mais do que você é agora. Ele materializa a jaula invisível do abuso.

O julgamento o mantém pequeno e lutando, vitimizado e sem força, blindado e dormente. Como resultado, você parar de gerar e criar fora da jaula; ao invés disso, você continua sendo você e mantém vivo o ciclo do abuso.

Como isso pode ser uma gentileza para você mesmo? Para qualquer pessoa?

A única maneira de sair da jaula em direção à energia de expansão é sair do julgamento, e há seis passos que podem te ajudar.

6 PASSOS PARA ACESSAR O ESPAÇO DO NÃO JULGAMENTO

1.Sente-se em um espaço tranquilo, feche os olhos e respire profundamente algumas vezes

2.Expanda sua energia para a terra

3.Ofereça os seus *julgamentos* para a terra como uma contribuição

4.Permita-se receber a contribuição que a terra pode ser para você

5.Traga a sua energia de volta para você sem os seus *julgamentos*

6.Observe qual a sua percepção

A Terra é o único lugar onde o julgamento não pode permanecer. É o lugar que você sempre pode para liberar os seus julgamentos e sentir a paz e as possibilidades de expansão. É realmente uma gentileza presentear a terra com o seus julgamentos. Ao fazer isso, você planta uma nova possibilidade para você e para todas as pessoas.

No espaço do não julgamento está a gentileza. A gentileza é a verdade de quem você é e o que você sempre foi.

A gentileza é uma energia geradora. Depois de viajar o mundo eu e trabalhar com milhares de pessoas eu descobri que a gentileza é o que nos faz sair do julgamento, do abuso e da limitação. Esta energia geradora é o que cria uma nova vida cheia de energia de expansão.

Como um exercício, pare um momento para imaginar...

- *O que aconteceria em 50 anos neste planeta, se você escolhesse a gentileza?*
- *O que aconteceria se você deixasse para trás a história de vítima e escolhesse o empoderamento?*
- *O que aconteceria se você soltasse a armadura e escolhesse a potência da vulnerabilidade?*
- *Será que a doença desapareceria?*
- *Os conflitos seriam amenizados?*
- *Você seria feliz?*
- *Como a energia de expansão o levaria a um mundo de novas possibilidades?*

Há uma vida fora do abuso... fora da jaula que o mantém pequeno e impotente.

Você não tem que ser jovem, como eu era aos sete anos de idade olhando para a lua, sonhando com uma vida sem abuso, para começar a puxar a energia de expansão. Isso funciona para todos, não importa onde você está.

Você só precisa escolher se divertir com isso, e é sobre isso que conversaremos no próximo capítulo.

CAPÍTULO 7
BRINCANDO COM A LUZ

Todos os dias você brinca com a luz do universo.

— PABLO NERUDA

A vida pode ser muito mais simples — e muito mais divertida — do que a maioria de nós a fazemos ser.

Na verdade, tão simples que, em sua maior parte, todos os meu 25 anos de trabalho em terapias não-tradicionais e energéticas resumem-se em um tema predominante: Descubra o que não está funcionando para as pessoas, capacite-as a escolher melhor, contribua para a realização dos seus desejos e crie as múltiplas possibilidades de criação das vidas que desejam ter.

Quando eu sou isso, os resultados são impressionantes.

E não é que eles sejam somente mais felizes, embora isso seja verdade. É, também, que qualquer que seja a "questão" —

como indicado pelos medicamentos que tomam, as doenças que eles têm, a falta de dinheiro, ou qualquer outra coisa – isso também vai embora. Puff! Como uma mágica...e tudo o que é necessário fazer para atingir esses resultados é a disposição de escolher para si mesmo e trazer a energia e demanda de diversão em sua vida. Então, por que mais pessoas não estão fazendo isso?

Essa é uma pergunta muito boa....

O que eu encontrei durante o meu trabalho é que a maioria das pessoas com uma história de abuso tem uma dificuldade de brincar, de se divertir, e de se soltar. Não é que eles não têm a capacidade – todos temos – é que a brincadeira, em suas mentes, ficou associada a algo completamente diferente – e "ruim".

Por exemplo, às vezes a brincadeira transformava-se em atividade sexual onde algo parece ser errado mas bom ao mesmo tempo. É confuso porque você não sabe o que está certo ou errado, ou o que está acontecendo. Neste cenário, a brincadeira torna-se associada à vergonha sexual, um sentimento de estar errado que diz: "Eu não deveria estar fazendo isso", e qualquer coisa que se assemelhe a isso – diversão, relaxamento, leveza – equivale a sensação de estar fora de controle, semelhante ao que você sentiu quando você estava sendo abusado.

Em uma brincadeira real, você está participando de uma atividade para diversão e recreação, convidando algo novo em sua vida que exista através da imaginação, atividade, possibilidade, geração e criação.

Com o abuso, o jogo muda. Torna-se sério e prático, tudo sobre "o que vai acontecer", o que, em seguida contrai – cortando a liberdade e consciência de apenas se divertir, como um criança correndo livre.

Quando você é uma criança, você não tem pensamentos que se preocupam e se perguntam se algo de ruim vai acontecer novamente. Poucas coisas são mais divertidas do que o desconhecido, a antecipação, a surpresa. Qual criança nunca perguntou ansiosamente: "Você me trouxe uma surpresa?" E bateram palmas de alegria e expectativa? Por outro lado, para alguém que tem um passado de abusos, surpresa é a última coisa que ele quer. Hipervigilância torna-se a palavra da vez. E a desconfiança torna-se o jogo de sobrevivência.

O VILÃO DO JOGO

Com o abuso, você se tranca porque tem que segurar seu corpo de uma certa maneira, se contraindo e fazendo as coisas de tal modo para que não encontre o abuso novamente. Você adota a energia de conclusão, decisão, sentença, e restrição. Como um caso grave de artrite, você se torna tão rígido que se afasta de qualquer possibilidade de ter criatividade, geração e fluidez. Você está preso no que eu chamo de jaula invisível do abuso, a qual descrevo totalmente no meu próximo livro, Chutando o Traseiro do Abuso.

Nesta jaula autoimposta, você não pode ter qualquer diversão porque está sempre esperando pela próxima catástrofe. Navegar pela vida torna-se um pouco como navegar pelas rápidas corredeiras de um rio. Neste estado, você se pergunta, "Por que isso continua acontecendo comigo? Tudo é uma luta. Nada nunca dá certo para mim não importa o quanto eu tente. Por que tudo é tão difícil?"

A resposta é que, essencialmente, você está trancado nos quatro "pilares", ou quatro "Ds" – introduzido no capítulo três – que compõem a jaula invisível: *(Denial)* Negação,

(Defense) Defesa, *(Disconnection)* Desconexão e *(Dissociation)* Dissociação.

Nesta postura perante a vida, mesmo as atividades criativas mais simples, como caminhar sozinho, podem ser consideradas inapropriadas, porque você está com uma percepção sobre si mesmo muito aguçada em um mundo que se tornou um lugar perigoso. Constantemente em guarda, ciente de que a qualquer momento a sua segurança ou conforto pode acabar, isso se espalha para outros aspectos do seu ser. Está em todos os lugares — em seu corpo, relacionamentos, dinheiro, *sexualness* (energia da vida, sem julgamentos, curadora, criativa, carinhos e expansiva) — constrição e contratação, ao invés de expandir para uma nova possibilidade.

Do ponto de vista da saúde, a rigidez e o bloqueio em seu corpo podem gerar sérias consequências. Sem uma forma fluida, e com um fluxo livre, pode haver um bloqueio, literalmente restringindo o fluxo sanguíneo, privando os seus órgãos de oxigênio e outros elementos vitais que o seu corpo necessita para funcionar sem se desgastar. Com o tempo, isso pode resultar em condições crônicas ou, possivelmente, em distúrbios na suprarrenal ou endócrinos. Isso certamente aconteceu comigo.

Em relacionamentos, pode ser que você escolha pessoas que representem o confinamento que está presente e preso em seu corpo, porque é assim que você entende, ou pensa, que os relacionamento devem ser. De uma maneira energética, você escolhe as pessoas, conscientemente ou inconscientemente, que fazem com que você se contraia ao invés daquelas que criam possibilidades para e com você. Até mesmo o seu rendimento e potencial para ganhar dinheiro está em risco por causa de sua necessidade de estar seguro. Um exemplo seria aceitar um trabalho que você não gosta, mas que lhe dá um salário com o qual você pode contar, mesmo que você odeie ir a ele todos os dias. Onde está a diversão nessa escolha?

É como viver contra o fluxo, contra a energia ao invés de avançar com a possibilidade. A vida se torna "Quão seguro estou?" Ao invés de "Que incrível! O que mais posso criar?"

Diversão e criatividade são abastecidas com imaginação, uma mente que está aberta e questionando, um espaço descontraído, e a possibilidade de acontecer algo gerador e expansivo. Isto é exatamente o oposto do que acontece quando sua mente está sendo mantida em cativeiro na jaula invisível do abuso:

- Alta necessidade de estrutura
- Controlador
- Preparado para qualquer coisa
- Precisa saber de tudo
- Retraído e isolado
- Tende a tirar conclusões
- Conformismo
- Desconfiança do desconhecido
- Inseguro
- Consciência hipervigilante

Suas forças criativas continuam fluindo ao se conectarem à energética molecular do conhecimento sem restrições da pura possibilidade — um lugar onde tudo é possível e a comunhão é a fonte de criação.

Na diversão, há muitas coisas desconhecidas e, como pode ficar melhor do que isso? Você pode criar tudo e qualquer coisa que desejar. No entanto, se você passou por qualquer tipo de abuso, aquele fator "desconhecido" pode desencadear o medo e destruir a criação.

VIVÊNCIA RADICAL E ORGÁSTICA

Você já reparou por quanto tempo as crianças ficam com alguma coisa? Elas apenas mudam de uma coisa para a outra – mente e corpo juntos – totalmente presente no momento. Elas escolhem o seu próximo momento com base no que é divertido e excitante.

No meu trabalho, eu me refiro a isso como uma vivência completamente radical e orgástica, onde todo o seu ser está presente em tudo o que você está fazendo. Você não está se preocupando com o futuro, em pagar suas contas, ou como aparenta, e há um grande sentimento de alegria e diversão apenas por estar presente.

Em situações abusivas, simplesmente não quer estar lá.

O orgasmo não é apenas sobre sexo...é sobre um prazer sensual, incorporado. E se você quiser cheirar uma rosa, ou comprar rosas para si mesmo para ter uma cor bonita em sua casa? E se você quiser colocar morangos na sua granola e apenas o gosto disso for orgástico e delicioso? Isso é divertido e orgástico! As crianças não têm ideias preconcebidas; elas não desenvolveram as ideias que aprendemos como adultos, que nos contraem e nos impedem de incorporar o prazer total.

E, se você não quer estar em seu corpo, como você acha que isso afeta, digamos, um relacionamento que é sexual e sensual? É difícil ter um relacionamento sexual orgástico e desejável quando você está tão acostumado a abandonar o seu corpo para não sentir o que você já não queria incialmente.

O que, então, você pode fazer para se colocar totalmente em seu corpo...e totalmente no jogo?

DOIS PASSOS PARA O JOGO

Quando você estava crescendo, já te pediram para perguntar a si mesmo: "Estou me divertindo nesse momento?" Para a maioria dos adultos, escolher a diversão é algo estranho, quase nunca uma escolha. Se você nunca esteve em seu corpo, você, provavelmente, também nunca se deu a escolha de pedir e exigir para si mesmo. Será que você saberia qual pergunta fazer?

O primeiro passo para o jogo é simplesmente tornar-se consciente de que algo não está funcionando para você e se permitir dizer: "Eu realmente não sei o que está acontecendo aqui, mas algo não está legal e eu escolho mudar, mesmo que eu não saiba o que perguntar". Só com essa consciência, já conseguirá estar presente em você.

O próximo passo é fazer perguntas que trazem a energia de jogo, tais como:

- *Corpo, é divertido para mim?*
- *Estou me divertindo agora?*
- *Estou aprendendo algo?*
- *Isso está expandindo a minha realidade?*
- *Sou grato?*
- *Estou gostando do que estou sendo agora?*
- *Essa pessoa está me recebendo?*
- *Sou capaz de receber?*
- *Será que o meu corpo está se sentindo bem?*
- *O que mais é possível aqui?*
- *Posso fazer o que quiser?*
- *Estou vivendo a minha realidade repleta de brincadeiras e diversões?*
- *O que mais eu poderia escolher que seria mais divertido?*

A energia do jogo não é sobre fazer o que era divertido quando criança — é o espírito de diversão e o playground de possibilidades que tinha no agora. É sobre o que você pode fazer todos os dias para criar uma nova possibilidade e sair da constrição.

Por exemplo, eu poderia ficar o dia inteiro na frente do meu computador enviando coisas e respondendo para as pessoas, mas isso não é muito divertido para mim. O mais divertido é trabalhar com a energia, fazer o programa de rádio Voz da América, escrever esses capítulos, e conversar com as pessoas, criando possibilidade. Mas por muito tempo em minha própria vida, houveram momentos em que o jogo se tornou inseguro, e eu era mais rígida e mais confortável com a forma e estrutura. Se alguma coisa perturbasse isso, eu surtava. Agora eu mal tenho uma estrutura. Eu simplesmente sigo a energia do "o que é" e o que é exigido de mim a cada dia.

Isso é o que fazemos quando crianças. Nós apenas seguimos a energia do que é possível hoje. Quando há o abuso, a liberdade inocente e seu playground de possibilidades ficam trancados, limitados, contraídos. Felizmente, há um caminho de volta.

LEVE É CERTO

O divertido para as pessoas é aquilo que é leve; é algo que você pode sentir em seu corpo. Leveza é como a verdade — porque a coisa mais expansiva e alegre que você gosta de fazer, traz leveza a todos. Você é mais divertido para todos nós.

A energia do jogo é sobre descobrir qual é a sua realidade divertida — emocionalmente, financeiramente, em relacionamentos, sexualmente, e de outra maneira — ao perguntar:

"Corpo, o que você gostaria de fazer hoje? Com quem você gostaria de estar? Com quem você gostaria de dormir? O que você gostaria de comer? O que você gostaria de criar? Qual parte dos seus interesses requer sua atenção hoje?"

Se meu corpo me diz: "Vamos para a academia", e eu não vou, ele fica muito infeliz. Ir à academia pode ser uma forma de se divertir, movendo o espírito e a energia. Ou se ele diz, "Coma isso", e eu como outra coisa, eu estou ignorando-o. A ideia é ouvir o seu corpo, os sussurros do seu corpo, dizendo o que ele quer a cada dia – e o que você precisa a cada dia – e seguir em frente com ele.

Você pode trazer essa energia de jogo em todas as suas decisões sobre o que é certo para você. Como? Bem, o que é divertido para você? Faça isso!

O QUE É DIVERTIDO PARA VOCÊ É BRINCAR!

Isto é o que faz você trabalhar durante o dia sem comer, então, de repente você para e pensa: "Oh, uau, eu ainda não comi!" Você está se divertindo, porque você está realmente presente no que você está fazendo. Você está vivendo a energia, assim como fazem as crianças, que continuamente precisam ser lembradas, "Vocês têm que comer agora... vocês têm que ir para a cama agora". Elas estão no agora com tamanha liberdade que você tem que tirá-las de lá.

Normalmente, os adultos têm que reaprender o que é se sentir leve ou pesado para que, ao se depararem com a escolha, reconheçam em seus corpos. Onde houve abuso, sua energia é infiltrada, seu espaço é violado, e sua consciência é anestesiada. Com tudo aquilo acontecendo, como você poderia saber o que é leve e certo para você? Você só sabe o que é sofrimento e ruim para você. O abuso distorce toda a sua visão da vida para torná-la mais perigosa e não tão divertida.

Tornar-se consciente do que é leve e certo para você permite que você crie o que é divertido para você. É como redefinir suas moléculas ao que elas sabiam antes de serem abusadas. Se algo parece leve e expansivo e borbulhante, vá em frente. Se é pesado e denso, faça mais perguntas e não escolha até que a leveza apareça. Infelizmente, muitos de nós escolhemos o pesado e denso e não o leve, e é por isso que acordamos em clínicas psiquiátricas à espera de medicação.

Apenas lembre-se...

O que é leve é certo.

A diversão está em ser uma demanda para si mesmo, como crianças que apenas dizem: "Ei, vamos fazer isso!" e, "Ei, vamos fazer aquilo!" É claro que, como adultos, há uma natureza um pouco mais pragmática nisso, mas se você incorporar a energia de jogo que abordei aqui, você acionará sua imaginação criativa, geradora. É a inocência infantil que está em todos nós, que vive dentro de nossos corpos, não importa a nossa idade.

E é tão fácil quanto escolher estar totalmente presente fazendo o que funciona para você – agora – da maneira mais leve e expansiva.

MUDANÇA DE UM GRAU

Uma estratégia eficaz e leve para construir uma vida melhor é empregar mudanças de um grau em sua vida. Apenas uma mudança prática de um grau pode realmente permitir que você faça uma mudança transformadora em seu mundo, e isso pode ser feito todos os dias.

Todo mundo sempre almeja fazer uma mudança de mil graus, obter sucesso instantâneo e buscar gratificação instantânea. No entanto, o que descobri é que, ao reservar um único momento todos os dias para fazer uma mudança de um grau e depois repetir esse processo nos momentos subsequentes, você começa a estabelecer uma conexão mente-corpo-espírito em sua memória celular. Essa conexão permite que você perceba: "Ah, eu posso fazer essa simples mudança, que tem o poder de alterar a trajetória do meu dia, neste exato momento". É como um capitão que ajusta o leme de seu navio em apenas um grau, resultando em uma mudança significativa na vasta extensão do oceano.

Permita-me compartilhar uma história pessoal para explicar. Há muitos anos, eu estava em uma aula trabalhando com alguém, com foco em trauma e abuso. Sem entrar em todos os detalhes, o que posso dizer é que a pessoa que eu estava ajudando estava dolorosamente presa. Para fazer uma mudança de um grau, ela precisava sair de um estado de paralisia em uma situação altamente traumática, mesmo que fosse apenas uma lembrança em sua mente. Suas reações físicas foram intensas - seus corpos tremiam e eles foram tomados por náuseas e uma forte vontade de vomitar.

Naquele momento, refleti sobre qual seria a ação mais simples que eu poderia oferecer a essa pessoa. Ela já havia fechado os olhos enquanto eu a orientava a se tornar seu próprio médico interno. É difícil explicar, mas em um determinado momento, eu disse: "Se eu estendesse minha mão para você, você a pegaria?" Eles responderam com um "Não".

Perguntei novamente, simplificando ainda mais a tarefa: "Se eu estender meu dedo para vocês, vocês estenderiam o dedo de volta para mim?" E eles responderam: "Sim". Então, eles literalmente estenderam o dedo, e eu me aproximei gentilmente e os toquei com o meu.

O que eu não sabia naquele momento era que aquela era a primeira vez que eles permitiam que outra pessoa os tocasse, quando já haviam sido tocados de muitas maneiras que não haviam pedido. Mas aquela mudança de um grau naquele momento deu à pessoa calma e regulação suficientes em seu corpo para dar um passo fisicamente. O fato de ela ter dito sim e eu ter descoberto que era a primeira vez que ela deixava outra pessoa tocá-la desde as agressões às quais ela havia sobrevivido foi incrível. E esse único toque mudou a trajetória de todo o seu ser naquele momento, testemunhado por um grupo de pessoas.

Essa ação, que agora é reconhecida como uma mudança de um grau, pode ser monumental para você também, apesar de parecer um pequeno ajuste. Mais tarde, esse conceito se tornou a pedra angular do método *ROAR*.

Então, o que é uma mudança de um grau na vida cotidiana? É algo que você faz no momento e que muda a trajetória de onde você estava indo, mas para o bem, para o melhor, para a congruência energética com o que você sabe que é importante em sua vida. É simplesmente uma escolha seguida de uma ação e ser grato por isso.

A mentalidade de mudança de um grau dá a você a liberdade de mudar de ideia e de se sintonizar com o que é mais verdadeiro para você em qualquer momento. Isso é brincar. A beleza é dupla: 1) você se torna mais livre e 2) descobre mais intimidade consigo mesmo. Se você escolher algo que não funciona para você, então escolha novamente. Cada escolha lhe dá consciência do que funciona para você, tendo em mente que o que funcionou para você ontem pode não funcionar para você na próxima semana, ou o que funcionou para você uma hora atrás pode não funcionar para você agora.

Se você nunca viveu em mudanças de um grau, como pode imaginar, você vai e volta entre a liberdade e a constrição regularmente. Mas estamos procurando apenas um grau de mudança para fazer uma alteração. Como um músculo, você o desenvolve.

Quando estou feliz, tudo funciona. Quando estou em minha energia lúdica, concentro-me apenas na expansão e na possibilidade. Estou aqui apenas aproveitando cada momento neste planeta como uma nova possibilidade de geração e criação de uma realidade totalmente nova - uma realidade que gera alegria, prazer, possibilidade, diversão e felicidade. Essa é uma realidade bem diferente da de alguém que sofreu abuso e pensa: "Tudo é tão difícil e, não importa o quanto eu faça ou o quanto eu tente, nada muda para mim".

BRINCAR É PRAGMÁTICO

... encontre o que é mais interessante para você. Quanto mais você aprende, mais você quer aprender. É divertido.

— WARREN BUFFETT

A energia de brincar não é apenas divertida – também é pragmática. Isso definitivamente funcionou para Warren Buffett, quem, em Sapateando ao Trabalho por Carol Loomis, é descrito como alguém motivado por estar se divertindo, e não por estar ganhando dinheiro. E eu tive muitos clientes que deixaram seus empregos por algo que realmente amam e, quando o fazem, ganham três ou quatro vezes mais do que ganhavam antes.

Quando o seu corpo lhe diz o que quer e você faz o que ele pede, o que surge em sua vida torna-se mais fácil e divertido. Ao ouvir o que é certo para você e seguir em frente com isso, você está conspirando com o universo para tornar a sua vida mais fácil – tudo porque você está fazendo o que é divertido para você.

Por outro lado, se algo não está dando certo para você, você elimina isso da sua realidade. Isso não significa não pagar as suas contas, mas sim encontrar uma outra maneira, mais divertida e alegre, para cuidar das coisas.

Por exemplo, eu tenho minhas as contas em débito automático com o meu banco porque não é divertido para mim para passar o tempo me preocupando com isso todo o mês. Sabendo que isso está sendo cuidado todos os dias, a cada mês – isso é divertido para mim e quando eu criar além das contas eu pago tudo. Eu gosto de nunca ter que me preocupar em estar atrasada com qualquer coisa; não é onde eu desejo colocar a minha atenção. Eu prefiro colocá-la na criação de uma nova possibilidade e, se isso é algo além do que eu tenho agora, eu sei que tenho a livre escolha para ir em frente e criar o dinheiro extra para isso.

A PONTE PARA A VIVÊNCIA RADICAL

Como catalisadora do movimento Live Your ROAR, o objetivo é erradicar todas as formas de abuso deste planeta através de dois métodos abrangentes: identificar a jaula invisível do abuso e orientar as pessoas a atravessar a "ponte" para a vivência radical.

Lembre-se, Vivência Radical é composta por quatro componentes, ou "4 Cs": Escolhendo para você, Comprometendo-se com você, Colaborando com o Universo, sabendo que ele está conspirando para abençoá-lo e Criando a vida que você deseja.

Vivência Radial é divertida!

Você atravessa essa ponte quando você entrar no espírito da brincadeira e escolhe o que é divertido para você. O objetivo da energia da brincadeira é colocar-se em primeiro lugar.

Se você não está acostumado a fazer isso, então a ideia de escolher para você vai ser uma perspectiva radicalmente nova. Com certeza, as pessoas que foram abusadas são as que mais se confundem com essa ideia porque elas colocam todos as outras pessoas em primeiro lugar – elas mesmas não existem.

A brincadeira age para recuperar a sua liberdade de expressão.

Além das intenções e objetivos, aprender a escolher para você a partir da energia da brincadeira vai deixá-lo aberto às possibilidade a todo momento, e o trará de volta à comunhão com toda a sua vida, em um novo nível de facilidade, alegria e glória.

No próximo capítulo, vou apresentá-lo para a energia do espírito e saber – uma parte intrínseca, inconsciente de todas as crianças que, com abuso ou não, tendem a serem derrubadas e deixadas para trás no caminho para a vida adulta.

Porque, como verá, quanto mais você se torna amigo dessa energia inata e usá-la, mais fácil será entrar no espírito da brincadeira.

CAPÍTULO 8
A FACE NA LUA

Quando eu era uma criança crescendo em ambiente familiar extremamente violento e abusivo, meu quarto era o meu santuário. Era o único lugar onde eu conseguia ficar longe de toda a loucura da minha casa. Havia uma pequena janela ao lado da minha cama e, em todas as noites em que a lua aparecia, eu ficava de joelhos e a admirava por horas, relaxando na visão do belo rosto olhando de volta para mim, sentindo sua energia sorridente, me falando que estava tudo bem.

Uma noite, após um dos meus longos diálogos com a lua, eu lembro de ter me virado e visto que todo o meu quarto tinha se transformado em todas as cores do arco-íris com fadas e anjos, o que hoje eu entendo como deuses e deusas, entidades e divindades, dançando em uma festa extravagante – a luz rosa da compaixão, a luz azul de criatividade, todas lá para que eu pudesse experimentá-las.

Comecei a passar o tempo naquele mundo especial de energias mágicas e recebi todos os tipos de conhecimentos de sobre o que estar consciente, dos dons que eu possuía e de quão especial e diferente eu era para ser nesta vida. Estas criaturas de outro mundo se tornaram minhas amigas e companheiras, e em algumas noites eu não podia esperar para ir para o meu quarto. Eu sempre soube que algo mais estava disponível então eu não tinha medo deste território, e isso fazia mais sentido para mim do que a minha realidade na época, mesmo que desafiasse o tempo e o espaço.

Eu percebi que algo diferente era possível e que nenhuma insanidade poderia me afetar enquanto eu estivesse naquela energia. Foi então que eu senti que o trabalho da minha vida era juntar o mundo espiritual com o mundo físico e acessar a energia ATP da criação. ATP (adenosina trifosfato), ou energia do espírito, como eu a chamo, nos fornece a energia de tudo e está presente em cada célula do nosso corpo...incluindo a do universo e do planeta em que vivemos.

A ENERGIA DO ESPÍRITO E DO SABER

O que é esta energia, com a qual todos podemos comungar e invocar? O que é este espírito que se move através de todas as coisas...que cria todas as coisas?

Hoje, quando penso em espírito, eu não penso em fadas ou anjos ou entidades. Ao invés disso, penso em algo que Amma (uma curandeira espiritual com quem convivi durante 15 anos em uma comunidade espiritual) diria – a energia infantil dentro de nós é Deus.

A energia do espírito é, para mim, como a molécula de ATP (adenosina trifosfato) que alimenta cada célula do nosso corpo e é literalmente chamada de banco de energia da vida. É a energia do espírito que está em nossos corpos e que todos nós somos.

Houve uma época em minha vida em que estava realmente infeliz, eu estava bebendo muito, deprimida e pesada, e nada estava dando certo. Eu me senti terrível e muito sozinha por dentro, como se tudo estivesse acontecendo ao meu redor e eu não estava conectada a nada.

Uma noite eu estava bebendo e decidi que era hora de partir. Não foi premeditado, mas quando eu vi um ônibus se aproximando, eu desci da calçada para ficar bem na frente dele, quando senti algo segurar meus ombros e me puxar para trás. Eu estava em choque. Olhei ao meu redor e não havia nada ou ninguém ali, e foi aí que percebi que alguém ou alguma coisa me protegia. Foi o alarme de que tanto precisava para me lembrar que há algo muito além desta realidade, que está ligado a mim e que eu precisava saber mais a respeito. E por diversas vezes eu me senti amparada em minha jornada e guiada para onde estou agora.

Depois que eu me tornei um psicoterapeuta e comecei o meu negócio, eu tive uma doença de risco de vida e, para me curar, comecei a usar o Theta Healing ®. Ele mudou completamente o meu trabalho. Com essa técnica, você realmente tem que trabalhar em seu conhecimento do espírito. Todos os dias, eu sentava na minha cadeira do escritório com os clientes e eu, como Sheryl Sandberg, COO do Facebook e autor de best-seller, Lean In, diz, "incline-se" para ouvir a energia do espírito, a energia do saber.

Eu trazia informações sobre as quais eu não tinha nenhuma maneira consciente de saber, e meus clientes muitas vezes me olhavam um pouco chocados. Eles questionavam, "Como você sabia disso? Como você poderia saber isso? Onde você conseguiu essa informação? Eu não lhe disse isso". E eu tinha de ir devagar com o que eu sabia, de modo a não os impressionar com o que eu era capaz de acessar através da energia do espírito.

Naquela época, eu usava ferramentas de teste muscular e, mais tarde, na Access Consciousness®, o "leve e pesado" para ajudar meus clientes a sentirem suas próprias verdades através de seus corpos e para capacitá-los a descobrirem o que eles já sabem. Ficou muito claro para mim que eu estava sendo um canal, uma vara oca (tudo vem através de mim, e é para você sem julgamento ou ponto de vista), para as pessoas que entraram em meu escritório, por causa da conexão com esses outros mundos, realidades e energias.

E antes mesmo da Theta Healing®, eu sempre tinha a sensação de que havia uma outra parte de mim se conectando com pessoas que eram únicas e incomuns. Eu e meus clientes e sabíamos disso. Eles diziam coisas como: "Você é uma terapeuta diferente de todas que já conheci. Você conduz de um forma diferente. Eu nunca me senti assim antes".

Acredito que tenho essa capacidade por causa da minha consciência da energia do "rosto na lua", minha consciência da energia que se move em todas as coisas, incluindo os nossos sistemas de crenças, e minha consciência de que os órgãos do nosso corpo armazenam essas crenças, que por sua vez formam nossos corpos e todos as nossas realidades. Eu também acredito que essas realidades podem ser alteradas, transformadas e curadas pela colaboração com a consciência de algo além desta realidade.

Estar nesse grau de consciência é colaborar com a terra e com as moléculas inerentes à terra, que não são diferentes das moléculas do nosso corpo que contêm ATP, a força motriz do nosso corpo.

Devido a esta experiência precoce com o espírito de energia e do saber, e as informações que recebi, eu sempre senti que o meu trabalho nesse mundo era ligar estes dois mundos – o espírito com o físico. Acho que não é por acaso que eu sou de Sagitário, representado pelo Arqueiro e descrito tanto como um arqueiro humano atirando para o céu e um cavalo firme na terra. Para as pessoas, eu sou essa ponte entre a nossa realidade atual e tudo o mais que é possível em outras dimensões.

Com qualquer cliente que eu atenda, inclusive comigo, eu estou procurando as partes de nós que estão fragmentadas, bloqueando a nossa capacidade de acessar o nosso próprio saber e a nossa energia de espírito. Isso pode significar voltar a uma idade muito jovem e rastrear alguma cena onde eles ainda estão presos, seja qual for a idade em que a cena ocorreu. Eu os ajudo a olhar diretamente para os olhos de suas crianças interiores para obter as informações sobre o que os mantêm presos e fora de si mesmos e explorar a emoção que está ali – o medo, a raiva, a vergonha – e, em seguida, reconhecê-la com como adultos.

É tudo feito olho no olho.

Uma vez que eles já disseram tudo o que precisava ser dito naquele momento, eu sempre peço ao adulto, para estender mão para a criança. Às vezes elas aceitarão, às vezes não, mas, eventualmente, nós trabalhamos de uma maneira que a criança aceitará, seja nessa sessão ou em alguma outra. Normalmente a criança vai perguntar: "Posso confiar em você?" Essencialmente, ela tem que "conhecer" o adulto. Para mim, isso é como conhecer a nossa própria energia do espírito ou aliado interior. Este é verdadeira comunhão do espírito.

Quando eles estão retornando desta cena, geralmente há uma escada rolante de arco-íris levando a criança e o adulto de volta ao escritório onde estamos, ou ao grupo, e aí nós integramos essa criança ao agora. O adulto sempre diz que esta experiência gerou uma mudança em sua essência. Eles já não estão mais condicionados a reagir às coisas que antes costumavam incomodá-los, como relatado neste trecho de um depoimento que recebi de um dos meus clientes:

Eu tentei tantas coisas para mudar todos os aspectos da minha vida que não estavam funcionando. Eu tenho me frustrado de tal maneira que muitas vezes cheguei perto de desistir, fazendo cursos e mais cursos, utilizando ferramentas que foram dadas a mim, sabendo que elas deveriam funcionar ativamente como pareciam funcionar com outras pessoas, mas sem saber por que não funcionavam comigo. Eu tenho trabalhado com muitos, mas muitos facilitadores, alguns dos quais foram bem sucedidos em ajudar-me a conseguir olhar para o trauma e abuso, mas para depois me deixarem sozinho assim que a porta do abuso era aberta porque a pessoa realmente não sabia o que fazer, uma vez que a porta estava aberta. Isso foi terrível para mim, e levou um longo tempo para sequer estar disposto a tentar novamente...

Quando saí do curso para ir para casa, notei que ao invés da respiração superficial com a qual convivi durante toda a minha vida, minha respiração percorreu por todo o meu corpo, como se eu finalmente estivesse vivendo no meu corpo pela primeira vez. Meu corpo parece estar totalmente diferente. Me sinto mais conectado ao meu corpo e tudo é mais suave. Eu sou tão grato por você ter me dado esse espaço; por ter trazido todas as suas habilidades incríveis e continuar me ajudando a me reconectar comigo mesmo. Eu sei que as coisas nunca mais serão as mesmas e agora eu sei que o presente que eu sou está disponível para mim em todos os momentos.

Esta é a energia do espírito, e é isso que estou fazendo. Eu estou chamando essas crianças perdidas – os espíritos fragmentados destes seres fantásticos – e conectando-os à "inocência infantil dentro de cada um de nós, que é Deus", trazendo-os para a frente, permitindo que este ser humano tenha escolha total, potência total, e capacidade total em todos os momentos para colaborar com tudo.

Sem essa energia do espírito e do saber, você sente que tem um manual incompleto, faltando um monte de partes e peças. Você não consegue perceber a totalidade do espírito por causa da separação que está presente.

Neste trabalho, entretanto, antes que eu consiga alcançar a criança, eu tenho que limpar os julgamentos, crenças e personificações que a pessoa – o adulto – pensa que é dela. Quando o corpo está vazio de crenças e *julgamentos* que não são deles, podem ser dos pais, avós, sistemas de crenças culturais, votos, e/ou obrigações, é quando eu frequentemente encontro as crianças que estão presas nos episódios onde elas não sabiam o que fazer. Um mecanismo psicológico compensatório entra em ação quando uma parte de nós vai embora e a outra parte fica preso no episódio aos quatro anos de idade. Essa parte não morre nem sai de cena, ela permanece presa na cozinha ou no quarto ou onde quer que seja o cenário.

Há todos os tipos de episódios onde isso pode acontecer. Pode, simplesmente, ter sido uma mãe e um pai gritando um com o outro e um deles ameaçando ir embora. Mas o que a criança ouve é: "Oh meu Deus, toda a minha segurança está ameaçada". Elas não podem lidar ou falar sobre isso, então elas se separam e se escondem no armário de seus quartos.

Quarenta anos depois, elas estão em sessões de terapia e aquele episódio é a principal causa do problema.

Felizmente, elas não precisam ficar presas, e isso é parte da abordagem do meu trabalho. Eu recupero essa parte com eles depois que soltarmos e reconhecermos aquilo que criou essa separação, bem como tudo o que internalizaram dessa separação que não representa a verdade. Este tem sido o problema – eles não estão criando suas vidas a partir da totalidade que realmente são. Estão fazendo isso a partir de uma parte deles criada no trauma e choque.

Quando trazemos de volta essa outra parte, eles sentem o que meu cliente sentiu – que tudo mudou e que nada será o mesmo novamente. Eles agora têm uma conexão com o seus próprios espíritos, suas próprias energias, seus próprios seres infinitos, que é fenomenal e mágico, e eles estão repletos de possibilidades e total escolha, não importa a dificuldade. Já não é mais um universo sem escolhas.

Há uma outra possibilidade.

Como podemos nos conectar à totalidade do espírito?

CONECTANDO-SE AO TODO

A energia do espírito é aquela parte que damos muitos nomes – Deus ou o universo, conhecimento infinito, não importa – é aquilo que percebemos como algo distinto que nos presenteia e trabalha em colaboração com a gente. A energia do saber é interna; é a nossa capacidade de receber intuição; nosso perceber, saber e ser.

Para ter mais consciência dessas energias, existem práticas ou ideias fora das terapias ou dos cursos – passos que você pode tomar em um nível pessoal para se conectar com todo dentro de você:

Vá Para a Natureza

Uma das coisas que me seguravam enquanto eu explorava o meu caminho espiritual era a prática de esportes. Quando eu estava jogando futebol, fazendo caminhadas, pedalando, correndo até o topo de uma montanha, eu me sentia forte, ágil e livre em meu corpo e sabia que poderia fazer qualquer coisa. Não havia limites para a minha agilidade e capacidade de conexão com o meu corpo e com a terra. Senti uma paz depois estar ativa que respirava, "Está tudo bem".

Quando você está nessa energia de espaço, tudo é possível e você pode expandir junto com o universo e ser uno com todas as moléculas. Basicamente, é ser grato à terra, estando nela de alguma maneira.

Então, vá em frente... abrace uma árvore. Medite descalço. Deixe o seu corpo mais perto da terra e respire.

Minha Amada Avó – A Arte de Receber

Minha avó abriu um espaço no meu mundo para que eu pudesse receber a energia de ser eu de uma maneira mais completa.

Quando eu era criança, a única pessoa com quem me sentis bem era a minha avó. Eu costumava acompanhar a minha avó à igreja em todos os dias que eu ficava com ela, e ela recitava as orações no banco da igreja.

Um dia ela recitou, "Um dia, eu e minha alma seremos curadas". Na verdade, o livro de orações não dizia "alma", mas ela a acrescentou, e quando ouvi a palavra "alma" eu imediatamente olhei para ela e ouvi um zumbido nos meus ouvidos como se fosse, "O que é a alma?"

Olhando para trás, percebi que minha vida inteira foi uma busca pela alma e pelo espírito, que foi acessado pela primeira vez naquelas experiências com a lua há muito tempo atrás.

Ao ouvir os cânticos, orações e salmos repetidamente, sentada aos pés da minha avó e rastreando as veias em suas mãos, me sentia acolhida pela repetição de suas palavras. Através de sua "religião", eu abri a minha consciência, minha percepção, meu saber, o que me deu o luxo de ser. Todos precisamos de pelo menos uma pessoa, além de nós mesmos, que de alguma forma nos reflete o brilho que somos. Aqueles momentos levam o nosso saber para além desta realidade. A partir disso, escolhemos intrinsicamente a comunhão.

Pergunte

Se recordar, no Capítulo Dois eu falei sobre a importância de fazer perguntas como uma maneira de colaborar com o Universo. Pedir e estar na pergunta é uma parte inerente de se conectar com o seu saber. Pode ser tão simples como pedir a próxima etapa da sua vida ou o que você realmente quer.

Algo que eu descobri que funciona minha própria vida para me conectar com a energia do espírito e do saber é focar no meu objetivo, fazendo uma série de perguntas e frases. Na verdade, eu as canto em uma música em todas as manhãs:

- *Quem sou eu hoje?*
- *Universo, me mostre algo bonito hoje.*

- *Que energia, espaço e consciência posso criar hoje?*
- *Que contribuição do espírito/conhecimento posso ser e receber hoje?*
- *Quem eu gostaria de ser?*

Eu também adiciono algo divertido como, "O que posso fazer ou ser hoje que criará mais brincadeira, diversão e alegria imediatamente?"

Às vezes pergunto aos meus negócios coisas como:

- *O que seria necessário para me superar financeiramente hoje?*
- *O que o meu negócio requer de mim?*
- *O que o meu negócio gostaria de fazer hoje?*
- *Com quem eu preciso falar hoje?*

Para a minha saúde eu perguntaria:

- *Como o meu corpo gostaria de se movimentar hoje?*
- *Como o meu corpo gostaria de comer hoje para me encher de energia e leveza?*

Está Tudo Bem em Deixar Algo Ir Embora

Às vezes você tem que abrir mão de algo que não está dando certo e dizer: "Ok, eu cedo para o que está além de mim". De certa forma, todo o processo de criação é uma grande libertação – deixar de se apegar a algo que você deseja. Expectativa, decisão, julgamento, conclusão e projeções podem apagar a sua habilidade de saber, perceber e receber.

A verdade é que vivemos em um universo que conspira para nos abençoar. Não importa o quanto fui abusada ou o quanto algumas vezes eu não quis viver, a energia do meu saber foi o que me manteve seguindo em frente e que me manteve navegando nessas águas tortuosas para chegar no outro lado e ser capaz de oferecer algo valioso para ajudar a tantos outros.

Muitas pessoas se perdem nesta realidade e procuram terapia, meditação, ou comunidades espirituais para se conectarem com toda a energia que eu vi tão nitidamente com sete anos de idade. Eu também fiz essas coisas, em uma tentativa de me curar e me conectar mais profundamente.

Então, estou imaginando o seguinte...

É uma pergunta, um chamado para agir, se você quiser.

Se você pode expandir sua energia para incluir um trabalho com o espírito da terra, do Universo, e da sua própria sabedoria e colaborar com todos eles, o que mais podemos criar juntos para sermos a energia do espírito em todos os momentos, em todos os lugares, em todas as situações em que nos sentimos, ou não, completamente amparados?

E o que seria necessário para que a energia do espírito dentro de você aparecesse e fosse um catalisador na sua vida agora e por toda a eternidade?

Afinal de contas, o mundo está esperando por você.

No capítulo seguinte, eu compartilharei alguns passos, junto com algumas dicas simples, mas poderosas, que você pode colocar em prática hoje para te ajudar a experimentar a verdadeira felicidade na sua própria vida. Eu compartilhei estes passos com milhares de meus clientes.

Acredite em mim, eles funcionam.

CAPÍTULO 9
A CHAVE PARA A FELICIDADE ESTÁ
DENTRO DE VOCÊ

Você pode correr, correr, correr para bem longe de muitas coisas na vida, mas você não pode fugir de si mesmo. E a chave para a felicidade é compreender e aceitar quem você é.

— *DALE ARCHER*

Eu fiz muitas coisas depois daquele dia fatídico na faculdade quando minha professora me estendeu sua mão. A felicidade não veio a mim durante a noite como num passe de mágica. Como eu compartilhei, eu tive que superar duas décadas de abuso de modo que eu posso dizer honestamente que sou verdadeiramente feliz. Me sinto alegre, leve e livre.

E você também pode se sentir assim.

Tenha você lutado ou não com o abuso, é possível que, se você está lendo este livro, há algo em sua vida que parece uma armadilha, uma jaula, de alguma forma você se sente isolada da possibilidade de ser feliz. A boa notícia é que a chave para esta jaula está dentro de você e eu posso ajudá-lo a encontrá-la e a usá-la.

PASSO 1: RECONHEÇA SUA TRISTEZA

Felicidade é ver todos vocês.

Ignorar a tristeza não a fará desaparecer. Na verdade, ignorá-la apenas garante que ela fique por muito mais tempo do que você deseja. É como um convidado que causa problemas em uma festa: ignore-o e ele irá criará um tumulto!

Você pode negar que está infeliz porque tem vergonha ou até mesmo por vergonha de admitir aos outros o quão infeliz você é. Você não está sozinho nisso. Eu fiquei horrorizada ao admitir a minha infelicidade para os outros.

No entanto, quando você nega a sua infelicidade, você está dizendo a si mesmo que você não tem importância. *Esta é na verdade uma forma de negligência e abuso.* Imagine essa parte de você que se sente tão infeliz sendo deixado sozinho em um armário, no escuro. Você faria isso com uma criança? Então não faça isso com você mesmo. Quando você reconhece a sua infelicidade, você valoriza a sua experiência; você valoriza a si mesmo. Você fala para si mesmo, "Ei, eu sou importante". Isso abre um novo mundo de possibilidades para o que você pode ser ou fazer a partir daqui.

Isso também te ajuda a começar a construir uma ponte entre a sua mente e o seu corpo. Ao invés de deixar esse seu lado infeliz para trás em um armário, todo o seu ser está envolvido e disponível. Isso te prepara para o sucesso.

PASSO 2: ESCOLHA A FELICIDADE

Felicidade é escolher apenas porque é divertido.

Nos meus 20 anos de idade, eu não acreditava que a vida um dia ficaria melhor. Eu não acreditava que um dia eu seria feliz. Eu pensei que a felicidade estava disponível apenas para os outros. Quando me formei na faculdade eu sabia que não poderia voltar para a casa onde cresci. Eu sabia que isso me mataria, mas eu não tinha certeza do que eu queria fazer.

Inspirada por minha professora da faculdade, eu decidi me mudar para o Arizona e trabalhar no Abrigo Crise da Juventude. Eu escolhi estar em um ambiente onde eu sabia que poderia fazer a diferença. Através do abrigo, eu trabalhei com o Serviço de Proteção à Criança para prover um lugar seguro, educação e refeições para as crianças que foram removidas de lares violentos. Eu também pude orientar estas crianças. Eu queria que todas as crianças soubessem que estavam seguras, que eram amadas e seriam cuidadas. Eu queria que eles fossem capazes de colocar a cabeça em seus travesseiros à noite sem quaisquer preocupações ou medos.

Ajudar essas crianças me trouxe felicidade.

Como eu era uma aliada para eles, eu me tornei uma aliada para mim mesma. À medida que eu me dava o amor e carinho que nunca tive quando criança, eu descobri que poderia fazer escolhas diferentes para mim.

Todas aquelas formas dolorosas com as quais eu vivia e me relacionava anteriormente lentamente começaram a se dissolver conforme eu escolhia de maneira diferente. Por exemplo, ao invés de tentar escapar através da bebida ou das drogas, eu poderia escolher atividades em que me sentia bem.

Fiz escolhas baseadas no que eu queria ser e fazer no agora, e não no que eu já estava fazendo.

Eu poderia realmente escolher a felicidade.

Você tem uma escolha também. Da mesma maneira, você pode escolher a felicidade, trazendo algo em sua vida que é divertido, que te ilumina e traz felicidade.

O que é isso para você? Um hobby? Ir para a academia? Participar de uma aula de dança? Trabalho voluntário? Qual é a coisa no fundo da sua mente que não faz sentido você fazer, mas que, ao mesmo tempo, você sabe que lhe traria felicidade? Pode ser algo que você fez quando era criança, ou pode ser algo que você nunca fez antes, ou nunca imaginou que faria. Seja o que for, pode ser a porta de entrada para a felicidade. Escolha isso. Escolha a felicidade.

PASSO 3: LIBERTE-SE DO VÍCIO DA INFELICIDADE

Felicidade é permitir a facilidade.

Felicidade é permitir a facilidade.

Infelizmente, muitas pessoas são viciadas nas suas infelicidades. Isso parece loucura, certo? Por que alguém escolheria a infelicidade?

Bem, no final, podem haver muitas motivações:

- É familiar.
- É uma maneira de chamar a atenção.
- É uma maneira de se conectar (reclamar sobre o que não está dando certo na vida é uma maneira em que esta sociedade constrói os relacionamentos).

Quando as coisas não estão dando certo, as pessoas te levam para tomar um café; te levam para fazer compras; ou sugerem um dia no spa.

No entanto, quando as coisas estão indo muito bem, algumas pessoas ficam com raiva de você ou ficam imaginando qual a droga que você está usando. Elas não são chamadas para apoiá-lo ou levá-lo para dar uma volta. *Na verdade, as pessoas muitas vezes não sabem como se relacionar com a alegria e o sucesso do outro.*

A infelicidade tornou-se um hábito. O pessimismo impregna. Nossas vidas são movidas pela dificuldade do que não está funcionando. Mas, e se você não precisasse se esforçar para sair da infelicidade?

Vícios representam a falta de facilidade.

A felicidade é facilidade.

As pessoas viciadas em álcool lutam para largarem esse hábito. No final, para realmente soltar a garrafa, elas precisam de apoio.

Da mesma forma, a infelicidade também é um vício. Para se libertar do apego a esta doença, você precisa parar de pensar que pode fazer tudo sozinho. Precisa estar disposto a pedir ajuda.

PASSO 4: OBTENHA AJUDA E COMPARTILHE SUA HISTÓRIA

Felicidade é receber a si mesmo como um presente

Eu tentei superar o meu próprio trauma e infelicidade por conta própria, mas isso não me levou a lugar algum. Eu optei pelas bebidas e pelas drogas para me anestesiar por um momento, porque eu não aguentava mais a dor que estava sentindo.

Eu finalmente tive que admitir para mim mesma que eu precisava de ajuda, então passei a ler todos os livros de autoajuda que eu encontrava. Eles me deram insights sobre a cura e a felicidade, mas, no entanto, não foram suficientes.

Foi a minha professora da faculdade quem me ofereceu o apoio que eu precisava, me dando um lugar seguro para que eu pudesse compartilhar a minha história. Até este momento, todos os meus segredos e preocupações estavam trancados dentro do meu corpo, negligenciados e abandonados.

Como você pode experimentar a verdadeira felicidade se partes de você estão trancadas?

Para parar de escolher a infelicidade e começar a escolher a felicidade, você precisa mergulhar na raiz da sua infelicidade. Isso requer olhar para os eventos, situações e relacionamentos do seu passado que estão impactando o seu presente.

O peso da sua infelicidade é aliviado quando você tem os olhos e ouvidos de um profissional, seja um terapeuta, médico ou outro profissional. Compartilhar a sua história desta forma começa a te tirar da jaula da infelicidade.

Ao fazer isso você sai da escravidão em direção à liberdade, da limitação à possibilidade. Você não pode criar um novo presente e futuro até que você enfrente o passado que te trouxe para onde está. Você precisa dividir a sua história, aprender com ela, e descobrir como você pode criar uma nova.

Depois que obter o apoio de um orientador de confiança, você vai sentir uma profunda sensação de alívio, que você não precisa mais lutar sozinho.

PASSO 5: APRENDA A ESCUTAR SEU INTERIOR

Felicidade é ficar em silêncio, ouvir e fazer exatamente aquilo que ouvir.

Pode parecer estranho que, primeiro eu os encorajo a procurar ajuda e, então, eu digo para ouvirem as suas próprias vozes, mas ambas são importantes. Trabalhar com um terapeuta ajuda a limpar uma boa parte do seu interior "estático", para que você consiga se conectar e ouvir a sua própria voz interior. No final, é a sua voz interior que é a verdadeira chave para a sua felicidade.

Muitas pessoas se enganam ao pensar que serão felizes quando tiverem uma BMW, um trabalho corporativo, o casamento com a "pessoa certa", a cerca branca no quintal e os 2 filhos e meio.

Mas aqui está a verdade...

Criar uma vida baseada no que você acha que deveria ter, ou no que os outros têm, é o ingresso para a infelicidade. Isso faz com que você tome decisões de fora para dentro, e não de dentro para fora.

Quando você decide parar e se conectar com a sua voz interior e permitir que essa sabedoria guie as suas decisões, você começa a fazer escolhas diferentes. Você também começa a criar um novo relacionamento com você mesmo baseado na confiança e respeito. Isto é um longo caminho para cultivar a felicidade para si mesmo e com os outros.

Pode até mesmo ser assustador pensar em sair da caixa das expectativas e entrar no mundo da felicidade, porque pode estar enraizado em você, pelo ambiente em que vive, que qualquer outra coisa seria um "fracasso". Eles associaram certas coisas à ideia de sucesso e, para ser a ideia de sucesso deles, você queima o óleo da meia-noite e acaba se sentindo vazio. É nesse ponto que você deve, mais uma vez, remover essas exigências externas e ser você mesmo uma exigência, conforme discutimos no terceiro capítulo.

Provavelmente, você passou a maior parte da sua vida ouvindo as vozes das outras pessoas, então pode levar algum tempo para que se conecte e ouça a sua própria voz.

A prática seguinte, você pode fazer diariamente para reforçar a sua capacidade de ouvir a sua voz interior:

Coloque um timer para (pelo menos) 5 minutos.
E faça a si mesmo as seguintes perguntas:

O que eu quero?
Qual a experiência que estou procurando?
O que vai me ajudar a conseguir isso?

Ouça e anote as respostas para cada uma delas (não tente "descobrir" as respostas, apenas deixe a sua consciência fluir e escreva o que vier na cabeça sem edição ou pausas).

Quando você ouve e age pela sua voz interna, você está vivendo de dentro para fora. Este é o seu ingresso para a verdadeira felicidade.

PASSO 6: RETIRE AS ERVAS DANINHAS E PLANTE NOVAS SEMENTES

Felicidade é se permitir criar o seu próprio jardim.

Para ser franco, se você quer ser feliz, você precisa estar disposto a questionar tudo na sua vida. Você precisa estar disposto a mudar qualquer coisa que não está contribuindo com a sua escolha de ser feliz.

Ser feliz é um "trabalho interno". Entretanto, as pessoas, os eventos e as situações com as quais você se cerca, ou adicionam à ou subtraem da sua felicidade.

Quão disposto você está para reconhecer que algo que você tem feito por "X" anos não te satisfaz mais – e com qual frequência você evita mudar isso?

Você não pode ser feliz sem arrancar algumas das ervas daninhas que atrapalharam a sua vida, então quando você reconhecer que algo não está funcionando para você:

Agradeça-lhe por tudo o que isso fez por você.

Liberte isso com amor e gratidão, sem conflito.

Agora que você já tirou as ervas daninhas, há espaço para plantar novas sementes. Você pode perguntar: "O que vai me fazer feliz?"

Tudo o que você tem feito nesses passos serão o suporte para que você plante essas novas sementes de felicidade. E, assim como qualquer jardineiro cuida suas plantas regularmente, você também precisa cultivar regularmente o jardim da sua vida, tirando as ervas daninhas e cuidando das novas sementes que você plantar.

PASSO 7: LIBERTE SEU EU INCRÍVEL

Felicidade é se jogar no desconhecido e saber que a rede estará lá.

Agora fica realmente bom – ainda melhor do que bom.

Fica incrível!

Quando você completa os passos 1 a 6, você começa a criar uma vida para si mesmo, que vai além de todos os seus pontos de referência conhecidos. Já não há mais quaisquer limitações para o que pode ser ou fazer. Você se torna o criador de todas as novas possibilidades.

É nesse momento que você "Liberta o Seu Eu Incrível" e atinge um nível de felicidade maior do que um dia imaginou ser possível.

E é aqui que a coisa complica...

Você pode começar a se duvidar e se questionar, "Posso realmente ter tudo isso?" (Lembra do Passo 3 e o vício na infelicidade?) Ou você pode estar com medo de dar esse salto.

"Haverá uma rede?"

"Será que vou cair de cara no chão?"

Quando isso acontece, depende só de você para escolher novamente.

"Será que eu escolho acreditar que o Universo está contra mim ou a meu favor?"

Eu acredito na existência do ar mesmo que eu não possa vê-lo. Não é tangível e eu não posso segurá-lo na minha mão, mas eu não posso viver sem ele. Da mesma forma, você dá o salto, sabendo que o universo te acolherá e que uma rede estará lá te esperando.

Quando você fizer isso, vai ser lançado para a vida que você sempre sonhou ser possível. E as sementes que você plantou vão florescer em mais possibilidades para você, também.

Tenha em mente que você não pode dar esse salto até que: reconheça que está infeliz, escolha a felicidade, largue o seu vício na infelicidade, obtenha ajuda, ouça, arranque as ervas daninhas, e plante novas sementes.

Agora você está pronto para se libertar.

Assim como a estrada de tijolos de ouro, estes passos formam uma receita certa para a felicidade.

A verdadeira pergunta é, você vai escolher isso?

A felicidade é a sua herança divina.

CAPÍTULO 10
COMO É SER RADICALMENTE VIVO

"Nosso medo mais profundo não é o de sermos inadequados. Nosso medo mais profundo é o de sermos poderosos além da medida. É a nossa luz, e não a nossa escuridão, que mais nos assusta. Nós nos perguntamos: Quem sou eu para ser brilhante, lindo, talentoso, fabuloso? Na verdade, quem é você para não ser?"

— *MARIANNE WILLIAMSON*

Neste capítulo, permita-me aprofundar um pouco mais em aspectos diferentes, porém vitais, de sua vida para descobrir suas limitações e ajudá-lo a se tornar a versão radicalmente viva de si mesmo. Veja, todos nós passamos por problemas na vida e, ainda assim, alguns de nós têm de sofrer mais em termos de causas e consequências de nossos problemas. Entretanto, o que seria injusto para qualquer um de nós seria permanecer preso em sua gaiola invisível. Todos nós merecemos estar radicalmente orgastica-mente vivos em nossa vida financeira, pessoal e romântica.

Os últimos nove capítulos trataram de como você pode estar radicalmente vivo em sua própria mente, corpo e espírito. Neste capítulo, caminharei com você mais uma milha que vale a pena para ajudá-lo a se tornar financeira, romântica e social-mente fiel a si mesmo.

Agora, antes de prosseguir, gostaria de lhe fazer uma pergunta: Você tem vivido com limitações e não se sente sufi-cientemente capacitado para mudar?

É claro que todos nós queremos dizer "não", mas quando nos acomodamos em algo e realmente ouvimos, eu poderia dizer "sim" a isso. Há algumas maneiras pelas quais ainda me pego entrando em limitações e não me sinto capacitado para mudar, especialmente quando vejo algo persistir por décadas. Mas, sim, há uma solução para isso.

Felizmente para você, é aí que eu entro. Estou no negócio de fazer com que essas limitações desapareçam, e essa não é apenas a minha meta para você, mas também para mim mesmo. Desenvolvi o Método Roar, que uso todos os dias em minha vida e com meus clientes.

O Método ROAR teve sua origem em uma estrada vicinal no norte da Califórnia, onde parei quando tinha 20 e poucos anos, após um rompimento amigável. Percebi que estava de mau humor e inicialmente atribuí o fato à separação, mas não era só isso. Isso me levou a uma série de perguntas, que mais tarde se tornaram o Método ROAR.

Esse método envolve fazer uma série de perguntas, cerca de cinco ou seis, que o ajudam a identificar o gatilho atual e conectá-lo ao gatilho original no passado. Em seguida, você faz o trabalho no passado, arranca a erva daninha e traz de volta a lição, formando novos hábitos e maneiras de ser.

Agora, quando estiver se debatendo com essas questões e buscando soluções para os problemas de sua vida, você pode ter em mente o conhecimento que vou compartilhar com você. Vamos começar com suas restrições financeiras e encontrar um caminho para nos tornarmos radicalmente vivos.

FINANCEIRAMENTE VIVO

O primeiro passo para a liberdade financeira é reconhecer que você pode estar na gaiola invisível do abuso e afastando as oportunidades financeiras. Mas o que é exatamente abuso financeiro?

Há diferentes maneiras de abordar esse tópico. Um dos exemplos mais evidentes é quando você está em um relacionamento, seja pessoal ou comercial, um casamento ou dentro de uma empresa, em que você é um parceiro, mas só pode ter acesso ao dinheiro com a aprovação da outra pessoa. Essa situação pode ser uma forma de abuso financeiro.

Outro cenário é em um casamento ou parceria, em que uma pessoa controla todas as questões financeiras e a outra não tem voz ativa. Da mesma forma, você pode estar envolvido em uma organização religiosa ou espiritual em que o dízimo é esperado. No entanto, a diferença está no fato de que a contribuição deve ser uma questão de escolha. Se você for pressionado, julgado ou tratado de forma diferente com base em suas contribuições financeiras, pode estar sofrendo abuso financeiro.

Já trabalhei com muitas pessoas que se envolveram em organizações profissionais, espirituais ou religiosas nas quais enfrentaram ostracismo ou receberam certos privilégios com base em suas contribuições financeiras. Isso cria uma clara discrepância entre os que doam e os que não doam.

Reconhecer o abuso financeiro pode ser um processo intuitivo. Seu corpo pode reagir ao ouvir sobre essas situações e fazer você perceber: "Eu já passei por isso". O abuso financeiro também pode envolver uma pessoa que se encarrega dos assuntos financeiros de um idoso, como procurações ou testamentos. Pode até mesmo se manifestar em disparidades no local de trabalho, com um gênero recebendo um salário significativamente maior do que o outro, apesar de ocupar o mesmo cargo. O abuso financeiro assume muitas formas e pode afetar as pessoas de diferentes maneiras.

Portanto, se você suspeitar que foi vítima de abuso financeiro de alguma forma, é essencial confiar em sua intuição e reconhecer a violação de sua liberdade financeira. Seja por um membro da família, chefe, professor ou líder religioso, essas situações podem tirar o seu controle sobre o seu dinheiro. Sem resolver essas questões, você permanecerá sob a influência deles, repetindo os mesmos padrões e experiências com dinheiro. Isso é insustentável. Especialmente com relação ao dinheiro, as pessoas geralmente querem se curar rapidamente quando sofrem abuso, mas podem resistir a reconhecer o abuso financeiro porque isso desafia sua autoimagem.

No entanto, a prosperidade financeira é seu direito inato. Sua situação financeira não está ligada à cor da pele, à educação ou a qualquer outro fator externo. O dinheiro é uma energia que você pode acessar e atrair. As barreiras à prosperidade são as crenças limitantes e as autopercepções negativas que resultam de experiências passadas de abuso financeiro.

Para viver radicalmente vivo, você deve primeiro conquistar a mentalidade que o está impedindo. Portanto, aqui está a verdade sobre dinheiro e finanças: *Você merece tanto quanto se permitir ter e tanto quanto desejar.* Não importa qual seja seu histórico; o dinheiro é uma energia que todos podem aproveitar. No entanto, nossos sistemas de crenças, moldados por experiências de abuso e negligência, podem nos impedir. Seu valor financeiro não tem relação com sua autoestima. Independentemente de seu gênero, educação ou qualquer outro fator, você tem o potencial de alcançar tudo o que deseja se conseguir se libertar das correntes do abuso e abraçar sua prosperidade financeira.

Pare de permitir que abusos passados ditem seu futuro financeiro. Em vez disso, enfrente a realidade, descarte a bagagem que não pertence a você e comece sua jornada rumo à liberdade financeira. Com honestidade e autoconsciência, você pode começar a manifestar a riqueza e a segurança que realmente merece.

Agora que você tem uma mentalidade saudável, vou lhe dar cinco passos simples para se livrar das restrições financeiras. Talvez você não goste da primeira, mas ela é essencial. Comece escrevendo em um diário o que você odeia em relação ao dinheiro. Faça uma lista de 10 a 15 coisas que você não gosta, seja a luta, os conflitos, as contas, as cobranças de juros ou qualquer outro aspecto que considere desafiador. Em segundo lugar, escreva tudo o que você ama no dinheiro, como a liberdade, as escolhas e as oportunidades que ele oferece, sem se concentrar em marcas específicas.

Depois de fazer isso, passe para a terceira etapa. Imagine uma vida em que o dinheiro não seja mais um problema. Pense no que você escolheria e teria em sua vida se tivesse todo o dinheiro que sempre desejou, sem nunca mais se preocupar com ele. Essa etapa pode ser desafiadora para muitas pessoas porque elas estão presas no ciclo de amor e ódio ao dinheiro.

A etapa quatro envolve a descrição de como você se sentiria se tivesse todo o dinheiro que sempre quis, sem precisar dele novamente. Como seu comportamento mudaria? Você andaria com confiança, sorriria com mais frequência e se expressaria de forma diferente? Como seria seu corpo? Seu guarda-roupa mudaria? Pense em onde você viveria e como viveria.

A quinta etapa consiste em considerar o que você gostaria de retribuir ao mundo se tivesse mais dinheiro do que jamais precisaria. Que tipo de contribuições, instituições de caridade ou empreendimento você apoiaria? Seja água limpa para países necessitados, financiamento da educação, criação de organizações sem fins lucrativos ou projetos criativos, escreva seus sonhos e aspirações.

O processo de colocar esses pensamentos no papel é transformador. Ele traz a energia de seus desejos para a realidade, oferecendo-lhe novas escolhas e possibilidades. Lembre-se de que é fundamental dar o primeiro passo, o One Degree Shift™, a partir de sua situação atual com base no que você escreveu. Muitas pessoas tendem a ficar presas na mentalidade do "eu não tenho", mas essas cinco etapas podem ajudá-lo a se libertar dela. Abrace o One Degree Shift™ e comece a trilhar seu caminho para tornar possível o que antes você achava impossível.

ROMANTICAMENTE VIVO

Nos relacionamentos, é comum encontrar conflitos que surgem de diferentes ângulos e de diferentes maneiras, mesmo quando você não tinha a intenção de causá-los. É como um padrão recorrente que continua aparecendo, fazendo você se perguntar: "Foi isso que eu quis dizer?" Mas ele ainda se manifesta. Esse tema recorrente é a sua dica de que há algo mais profundo em jogo.

Por exemplo, em minha própria vida, houve um momento em que percebi que os conflitos estavam surgindo em diferentes aspectos da minha vida e, de repente, me vi como o denominador comum. Ficou claro que eu estava preso em uma gaiola de relacionamento, na qual minhas tentativas de me comunicar ou me conectar eram repetidamente recebidas com resistência ou luta. É a sensação de que não importa para onde você se volte, você está de alguma forma preso em um ciclo.

Isso também é comum em relacionamentos unilaterais. Infelizmente, identificar um relacionamento unilateral pode ser bastante exasperante. Entretanto, é muito fácil identificá-lo. Depois de sair de um relacionamento assim, você pode se perguntar: "Por que aguentei isso por tanto tempo e o que há de errado comigo?" A verdade é que não há nada de errado com você. O desafio é que a maioria de nós não foi ensinada ou mostrada como se envolver em um relacionamento de apoio mútuo, transparente, recíproco e contributivo.

Na verdade, se você procurar a definição de "relacionamento" no dicionário, verá que ela é definida como *a distância entre dois objetos*. Muitas pessoas baseiam seus relacionamentos nessa interpretação, o que geralmente leva a uma dinâmica unilateral - pelo menos após os três ou seis meses iniciais de felicidade.

Um relacionamento unilateral é caracterizado por um desequilíbrio significativo entre dar e receber. Você pode descobrir que tudo o que pede não é atendido ou, pior ainda, enfrenta julgamentos, críticas e a sensação de "pedir demais". Nesses relacionamentos, suas necessidades são frequentemente ignoradas e você se sente preso.

Os relacionamentos unilaterais também podem envolver gaslighting, em que a outra pessoa manipula você para que duvide de sua própria realidade. Ela pode se tornar totalmente egocêntrica, preocupando-se apenas com a própria vida e com os próprios problemas. Essa abordagem narcisista pode fazer com que você faça todo o trabalho pesado, enquanto a outra pessoa simplesmente se limita a tomar sem dar.

No entanto, não fique esperando que a outra pessoa mude. É essencial estabelecer seus limites, comunicar suas necessidades e o que não é negociável, mesmo que seja provável que elas não sejam atendidas. Às vezes, estabelecer esses limites pode despertar seu parceiro para a realidade da situação, levando-o a fazer as mudanças necessárias. O segredo não é criticar ou apontar o dedo, mas se capacitar e escolher o que está alinhado com sua felicidade e bem-estar.

No final das contas, não se trata de ficar ou ir embora; trata-se de encontrar alegria e doação e recebimento mútuos em seu relacionamento. Se não houver alegria, nem compartilhamento verdadeiro, então é hora de reavaliar o relacionamento. Você não pode mudar ou escolher por outra pessoa; você só pode escolher e mudar por si mesmo.

Lembre-se, você é responsável por criar sua vida. Quer isso signifique se separar ou seguir em frente juntos, o que importa é a sua felicidade, clareza e a busca de todo o seu potencial. Não há certo ou errado - apenas a questão de saber se você está feliz, sentindo-se bem e vivendo de acordo com seu potencial máximo.

Os relacionamentos são como uma dança, e é fundamental reconhecer que cada pessoa envolvida tem sua própria frequência. Alguns indivíduos podem achar mais fácil harmonizar-se uns com os outros em um determinado tipo de relacionamento. O que funciona para você pode não funcionar necessariamente para seu parceiro e vice-versa. É aí que a dança dos relacionamentos realmente começa.

A chave para a facilidade em um relacionamento está em estar aberto, aceitar e ter curiosidade sobre a outra pessoa com quem você escolheu se conectar. Ao se deparar com diferenças ou desafios, resista ao impulso de reagir com frustração ou julgamento. Em vez disso, aborde o problema com curiosidade. Por exemplo, em vez de ficar chateado com algo, faça perguntas e procure entender a perspectiva da outra pessoa. O diálogo e o interesse genuíno no ponto de vista da pessoa podem transformar um possível problema em uma oportunidade de maior conexão.

É essencial reconhecer que nem todos os relacionamentos são fáceis e, às vezes, você pode, sem saber, imitar os padrões de sua família. A maneira como seus pais interagiam pode ter deixado uma marca em sua própria abordagem aos relacionamentos. Esteja ciente desses padrões e procure cultivar a curiosidade, a aceitação e a permissão para criar uma conexão mais harmoniosa e satisfatória.

Lembre-se de que a defesa e a reação podem criar distância e prejudicar a intimidade em um relacionamento. Para promover a tranquilidade, procure ser mais curioso, aceitar e estar em um estado de tolerância. Em vez de se concentrar nos problemas, priorize a exploração de possibilidades com seu parceiro.

Se estiver buscando um relacionamento mais agradável e enriquecedor ou se estiver se perguntando como infundir mais diversão em seu relacionamento? Aqui estão cinco sugestões e, se elas não se encaixarem, sinta-se à vontade para criar as suas próprias:

Um: Escolha uma atividade que traga alegria para ambos, algo que desperte o entusiasmo e crie uma experiência compartilhada. Seja assistir a um filme, participar de um evento ou simplesmente saborear uma pipoca, vá em frente. O idioma ou o formato não importa; o importante é aproveitar o tempo que estão passando juntos.

Dois: Encontre algo que valha a pena comemorar como casal. Pode ser socializar com os amigos, sair para um jantar chique ou vestir-se bem e expressar gratidão um pelo outro. Reconhecer sua conexão pode ser uma experiência deliciosa por si só.

Três: Experimentem uma inversão de papéis. Cada um de vocês pode escolher uma atividade que o outro talvez não tenha escolhido inicialmente. Isso o incentiva a explorar os interesses de seu parceiro e a expandir seus próprios horizontes. Talvez vocês não repitam todas as atividades escolhidas, mas obterão insights um sobre o outro.

Quatro: Desafiem-se a aprender algo novo juntos. Descubra o que entusiasma seu parceiro em relação aos interesses dele e compartilhe suas paixões também. Envolver-se em novas experiências pode ser uma aventura de união.

Cinco: Dedique tempo para o prazer individual e incentive seu parceiro a fazer o mesmo. Às vezes, o autocuidado e a busca de interesses pessoais podem acrescentar uma dinâmica renovadora ao seu relacionamento. Planeje uma viagem ou participe de atos aleatórios de espontaneidade para se libertar da rotina.

Essas etapas introduzirão variedade e vitalidade em seu relacionamento, garantindo que vocês aproveitem os momentos compartilhados e continuem a crescer juntos. Esse seria um relacionamento ideal em que você pode estar radicalmente orgasticamente vivo.

LEVANTAR E RUGIR

No final das contas, eu diria que estar radicalmente vivo nestes tempos é simplesmente se Levantar e Rugir. Trata-se de revelar o verdadeiro eu que sempre existiu dentro de você, pronto para se libertar para a realidade. Quando você libera seu eu autêntico, irradia genuinidade, paixão, vitalidade e um novo tipo de poder feroz. É como descobrir um superpoder, uma potência incrível que alimenta sua energia e vibra com a frequência de "sim, vamos em frente".

Apesar de ter vivido as batalhas, os traumas e os dramas do passado, é hora de se levantar e rugir, fazendo as coisas de forma diferente de antes. O que funcionou no passado não importa mais porque não é o presente e não produziu os resultados que você sabia que era capaz de alcançar.

Levantar e Rugir incorpora o "agora", onde não há espaço para esperar. Trata-se de agir para trazer alegria e contribuir para o mundo maior e para sua própria vida. Não há tolerância para a mediocridade, não há mais como se conformar com a rotina mundana de 40 horas de trabalho por semana. Trata-se de ir além de seus limites anteriores, confiar em si mesmo como nunca antes e ter fé em sua capacidade de criar algo extraordinário.

Trata-se de se esforçar para conseguir mais, ir ao Super Bowl, à World Series e a todos os prêmios. Trata-se de dar o melhor de si para o mundo e sentir-se vitorioso. Não se trata apenas de fazer, mas também de receber. O universo o abençoa continuamente em todos os aspectos da vida, pessoal, relacional, profissional e energeticamente. Seja criando o espaço de que você precisa ou recebendo o que deseja, tudo é feito sem esforço. Mesmo quando surgem desafios, eles não parecem mais lutas porque você adquiriu uma compreensão profunda de que pode fazer mudanças quando necessário.

A essência de Levantar e Rugir é saber que você possui um rugido dentro de si e que aquilo que é destinado a você, sem dúvida, virá em sua direção. Se você se identifica com esse conhecimento, convido-o a se juntar a mim na jornada de Levantar e Rugir juntos.

EPÍLOGO
PERMITA-SE CONFIAR NA ALEGRIA E ABRAÇÁ-LA.

Você vai descobrir que pode dançar com tudo.

— *RALPH WALDO EMERSON*

Se algumas das ideias que você leu parecem perspectivas radicais, era o esperado.

Quando você vive de uma maneira pequena, controlando e dosando a sua energia, confinado em um pequeno espaço sem mobilidade – na jaula invisível do abuso – é certo que parecerá um pouco fantasioso, talvez inimaginável, fazer as coisas de uma maneira completamente diferente...

Para viver uma Realidade Radicalmente e Orgasticamente Viva.

Ou, como eu gosto de dizer isso...

Para Viver o Seu RUGIDO *(Live Your ROAR)*!

A verdade é que, o que eu apresentei aqui, na verdade é apenas o começo para te ajudar a ir em direção à Vivência Radical – algo como "Dê um Chute no Traseiro do Abuso".

Ainda assim, como prometi no início, as ferramentas – conceitos, dicas e passos – que apresentei aqui irão guiá-los através do pântano de resistência que os tem prendido em uma experiência de vida restrita.

A resistência vem em muitas formas – e a maioria delas parece bastante "real" e acreditável. Realmente parece que você não tem o dinheiro, tempo, energia, conhecimento ou habilidade para fazer o que quiser.

Mas estas não são razões ou justificativas.

Elas são *criações*.

E todas fluem a partir da ideia de que "Algo está errado comigo... viu?"

Se há uma coisa a ser dita sobre a resistência, é que há sempre algo entre você e o que você quer. No final do dia, porém, é tudo criação – desculpas disfarçadas – projetadas para um único propósito: evitar que se aventure além daquilo que você sabe e percebe como seguro.

Quando você olha mais de perto, este tipo de segurança é um termo relativo, um alvo em movimento, que é definido por um contexto criado em algum momento para protegê-lo. Mas, quando você vive em uma jaula invisível do abuso criada a partir de um passado abusivo, o que é realmente seguro?

Então, da próxima vez que sentir uma resistência, medo de enfrentar algo, ou sentir que já tentou de tudo e nada está dando certo, aqui estão algumas perguntas para fazer a você mesmo:

Se eu soubesse que isso estava me impedindo, eu estaria disposto a largar isso?

Estou disposto a abandonar o meu julgamento sobre isso?

Estou disposto a trocar "x" por "y?

Para concluir, a verdadeira segurança só pode ser experimentada através da expansão e consciência, através de sua própria consciência no presente. Ela vem quando aprendemos a reconhecer e ouvir os sussurros internos de consciência, confiando que você ouve e age sobre eles a todo instante.

Está em escolher a felicidade e deixar que isso seja o seu guia.

É expandir na facilidade, leveza, alegria e diversão que é possível quando você escolhe para você.

E, por fim, é aprender a viver com gentileza...

Para outros, para o planeta, e acima de tudo...

Para *Você.*

SOBRE A AUTORA

A Dra. Lisa Cooney é uma líder criativa e geradora na área de transformação pessoal e especialista em superação de abuso. Uma terapeuta licenciada em Casamento e Família, PhD., Mestre Theta Healer, e Facilitadora Certificada da Access Consciousness®, ela é a criadora do  Live Your ROAR! Seja você! Além de qualquer coisa! Crie Mágica! O trabalho da Dra. Lisa permitiu que milhares de pessoas atravessassem a ponte do abuso sexual na infância, e outras formas de abuso, para viver uma "Realidade Orgástica e Radicalmente Viva" *(ROAR)*.

A magia do seu trabalho é centrada em conceitos fundamentais que ela usou para se curar, não só do abuso infantil, mas de uma doença que ameaçava a sua vida. Estes princípios essenciais, que incluem os 4 Cs – Escolher para você, Comprometer-se com você, Colaborar e Saber que o universo está conspirando para te abençoe, e Criar a vida que você deseja − são os pontos de partida para uma transformação profunda e duradoura.

Além de suas próprias contribuições revolucionárias e "reveladoras" para o corpo de sabedoria transformadora, ela tem o dom de usar as ferramentas criativas da Access Consciousness e outras modalidades para facilitar os outros a superarem todos os obstáculos e chegarem a um lugar de própria sabedoria...aquele espaço onde eles têm acesso direto aos sussurros de consciência.

Conhecida por sua abordagem de vida do "Eu vou ter isso!...Não Importa o Obstáculo!", a Dra. Lisa ensina as pessoas em como se envolver de uma maneira lúdica com essa energia mágica e geradora, para criar uma vida que é leve, certa e divertida para elas.

Vá Ser Grande...